JN066065

なぜ営業と
マーケは衝突するのか？

BtoB
マーケティング

Theory-Driven B2B Marketing
Yui Kakiuchi

の定石

株式会社WACUL 代表取締役
垣内勇威

日本実業出版社

BtoB企業でマーケティングを機能させるには？——はじめに

　はじめまして、株式会社WACUL代表取締役の垣内勇威と申します。本書はBtoB事業のマーケティングで繰り返される「車輪の再発明」に終止符を打つことを目的としています。

　「車輪の再発明」とは、一度確立された答えを、再び一から作ることの慣用句です。マーケティングに携わっていると、一度発見された答えとも言える「定石」がいつの間にか忘れ去られ、同じ失敗を何度も繰り返すという問題が頻発します。

　私はこれまで約20年間続けてきた「BtoBマーケティングの支援」という労働を、この世からなくしたいと考えています。20年前から今日にいたるまで、BtoB企業は同じ過ちを繰り返し、私からの改善提案を何度でもありがたがって「目からウロコです」と受け入れてくれました。

　しかし数年おきに同じ失敗を繰り返し、私のようなコンサルタントに高額の報酬を支払うのは不経済です。私自身も同じような提案を繰り返すことにうんざりしています。

　本書は、再現性の高いマーケティング活動の「定石」を紹介することで、BtoB企業が独力で成果を創出し続ける状態を目指します。

マーケティングが機能している組織、機能していない組織の違い

　読者のみなさんは、マーケティングが機能している組織と、機能していない組織のどちらを目指しますか？　この本を手に取ってくれている以上、前者を志向し、マーケティングが機能していない組織に課題を感じている方も多いでしょう。

マーケティングが機能していない組織は、営業担当による属人的な人脈とスキルだけで売上を作っています。トップ営業と呼ばれる人たちは、魔法のような商談力で売上を作っていくため、社内外から一目置かれています。こうした優秀な営業人材の採用と育成にコミットすれば、マーケティングに頼らないという選択肢もあるかもしれません。

　しかしトップ営業と呼ばれる人は、営業人員の5％もいないのではないでしょうか？　外部から採用しようにも、優秀な営業担当を採れずに苦しんでいる組織が大半です。

　トップ営業という人種は、社内外からチヤホヤされているためほとんど転職せず、そのまま社内で出世していきます。極論すれば、転職市場に出てくるような営業人材の多くは「営業が嫌になった人」か「営業ができなかった人」のどちらかなのです。

　そこで必要になるのが「マーケティング」です。**トップ営業の生み出す顧客体験の再現性を高めることで、属人性を排除して売上を伸ばすことができる**のです。国内の人口減少を考えただけでも、優秀な人材の採用難化、グローバル展開の必須化などにより、マーケティングに取り組まないという選択肢はもはやありえないのです。

前著『デジタルマーケティングの定石』で残った課題 ──「正解」だけで現場は動かない

　私が本書を執筆するにいたった最大の理由は、前著『デジタルマーケティングの定石　なぜマーケターは「成果の出ない施策」を繰り返すのか?』（日本実業出版社）だけで現場は動かないと思い知ったことです。

　前著はありがたいことに非常に多くの方にお読みいただき、本書執筆時点で第7刷まで増刷しています。前著は、タイトル通り『デジタルマーケティングの定石』を、幅広いビジネスモデルに活用できるよう記した書籍です。ベンチャー企業や個人事業主など小規模な組織では「すぐに定石を活用して売上が伸びた」という嬉しい話も聞きました。

　ただ、ご好評いただいた反面、「定石を使ってビジネスそのものを大き

く伸ばした」という話はあまり聞いていません。特に、中堅企業・大手企業では「自分では実行すべき施策はわかっているものの、社内には説明できていない」という言い訳ばかりが口をついて出ます。

さらにBtoB企業では、長年売上の重責を担ってきた「営業部門」の力が強すぎて、デジタル活用の重要性を説いても納得してくれないという悩みもよく聞きます。直近2年間で100社以上は同じ悩みを聞いたでしょうか。最近では、どうすれば社内の組織を動かせるのかという相談を特によく受けるようになっています。

これは私が日ごろ対峙しているコンサルティング案件で、まさに向き合っているテーマの1つです。どうすれば成果が出るかという「正解」だけ示しても、関係する複数部署の担当者が納得していなければ、その企業は一切動きません。地道に泥臭く社内調整をして、初めて「定石」が実行に移されるのです。そこで本書では、戦略・戦術を実行に移すための「組織」の定石まで記しました。

さらに社内の関係者を納得させるためには、解像度の高い「具体性」が求められます。具体性とはすなわち「いくらのお金をかけて、いくらの売上が増えたのか?」という成功事例です。本書では、様々なビジネスモデルの中から、特に再現性の高い「BtoBマーケティングの定石」に絞り、成功確率の高い提言を行なうことにしました。

本書のテーマは、「正解」の提示にとどまらない、「実行」へのコミットメントの醸成なのです。

前著が「デジタルマーケティング」にテーマを絞っていたのに対し、本書は「マーケティング全般」に領域を広げています。

これは**BtoB事業の多くが営業担当につなぐビジネスであり、デジタルに閉じこもった施策だけでは、何も前に進められない**からです。実際に私がコンサルティングで入る場合も、デジタルだけの話をしている案件は皆無です。成果を出すためには、デジタル以外の顧客接点たる「営業」「製品」「サポート」などまで言及せざるをえません。

本書が扱う「マーケティング」とは、顧客視点で顧客に価値を提供す

るすべての活動を指します。

　営業・販促・宣伝はもちろん、製品開発や広報も対象です。顧客を理解するためのリサーチ業務も、戦略・戦術を描く経営業務も、組織を導き実行するマネジメント業務も、すべてが「マーケティング」活動です。これらのうち、特に再現性が高いものを抽出して定石としています。

　そのため、**本書の対象読者は、経営者、マーケティング部門、営業部門、宣伝販促部門、広報部門、開発部門など幅広い方を想定**しています。またマネジメントを担う経営者から、実行を担うパート・アルバイトまで、役職問わず本書の定石を理解することで、社内に共通言語が生まれ、プロジェクトを円滑に進められるでしょう。

　業種で言えば、ソフトウェア産業からハードウェア産業まで幅広くご活用いただけるよう、複数パターンの定石を著しています。例えば、ベンチャー企業に多いBtoB SaaS企業と、古くから日本経済を牽引してきた製造業では成功のパターンが異なります。何が共通していて、何が異なっていて、それぞれ何を成すべきかを解説します。

　なお、本書だけ読めば、BtoBマーケティングの定石を理解いただけます。デジタルそのものの特性をより詳しく知りたい方や、BtoB以外の定石を知りたい方は、前著『デジタルマーケティングの定石』をお読みください。

Webサイト分析×ユーザ行動調査×コンサルティングをベースに定石を開発

　私が代表を務める株式会社WACULは、BtoBに限らず**約3万6000のWebサイトデータを横断分析し、デジタルマーケティングの「定石」を開発**しています。本書で示すデジタル活用の定石は、主にこのデータを根拠としています。この定石は成果につながる確度がきわめて高く、BtoB企業における新規問い合わせ数の改善勝率（2020年）は100％で、伸び幅は平均155％でした。

　デジタル以外の顧客接点の定石は、主に年間数百人に及ぶ「ユーザ行動観察調査」から導出しています。「ユーザ行動観察調査」とは、1対

1のインタビュー中に、リアルな顧客行動を観察する手法です。すべての顧客接点で、顧客の状態や期待を明らかにし、LTV（Life Time Value：顧客生涯価値）を高める要因を特定できます。

　最後に、戦略・戦術を実行に移す「組織」の定石は、**年間延べ約500社のコンサルティングを通じて、社内調整に成功したケースと失敗したケースの差異を根拠**としています。組織に正解はありませんが、成功確率を高めるエッセンスは抽出できます。

本書の構成

　本書は7つのChapterで構成しました。

Chapter1　なぜBtoBマーケティングの大半は失敗に終わるのか？

　まず、なぜBtoBマーケティングの大半が失敗に陥るのかを改めて解説します。失敗の原因は、「組織の抵抗にあうから」しかないのですが、その本質はBtoBマーケティングを真面目に進めることが「世直し革命」並みに面倒くさいことに起因します。今は誰もやっていない業務を新たに作り出し、社内の全関係者を巻き込まなければならないので、通常は誰一人としてやりたがりません。流行りのツールやテクニックを導入しただけでは何も変わらないことを、今一度強く認識すべきです。

Chapter2　組織の定石　「短期売上」から「顧客視点」への革命を起こす

　BtoBマーケティングを社内に浸透させる組織の定石を説きます。「世直し革命」を起こすのですから、ナポレオン・ボナパルト並みに熱量あふれたメンバーが先頭に立ち、多くの関係者を巻き込まなければなりません。まずは小さくてもいいので成功事例を作り、徐々に顧客視点の重要性を浸透させていくという、気が遠くなるくらい地道な努力が必要です。組織に正解はないため、紹介する定石通りに進めたとしても、うまくいかない可能性も十分あるでしょう。しかし究極的には、発起人が熱量をどれだけ維持できるか、仲間をどれだけ増やせるかにかかっているのです。焦っても

仕方ありませんので、まずは売上に少しでも貢献するクイックウィンを作ることからスタートします。

Chapter3　戦略の定石　貴社に本当に必要なマーケティングとは？

　「BtoB」とひとくくりにすることの弊害を説き、戦略の定石を4つのパターンでご紹介します。市場環境によっては、「デジタルマーケティング」が不要なケースや、「新規獲得」の優先度が低いケースも存在します。まずは「何をやらなくていいのか？」を明らかにしてから、マーケティングに取り組むべきです。

Chapter4　戦術の定石　トップ営業の生み出す「顧客体験」を再現する

　戦術レベルの定石を解説します。まず大前提として「潜在リード（見込み客）さえ大量に獲得すれば、あとはソリューション営業に渡すだけ」というソリューション営業に依存する考え方を「全否定」します。真のソリューション営業などという人材は、社内に5％もいないでしょう。マーケターは、どんなにスキルの低い営業担当でも売れるように、トップ営業の価値を再現性の高い戦術に置換しなければなりません。

Chapter5　日常生活フェーズ　「信頼」と「純粋想起」を獲得する

　顧客がまだ何も買おうとしていない「日常生活フェーズ」の戦術を解説します。約50％の人は営業と会う前に購入を決めているため、日常生活フェーズでの「信頼」と「純粋想起」の獲得は非常に重要な論点です。このフェーズはコンテンツで潜在顧客とつながり、社名やサービス名の連呼で純粋想起を獲得します。さらに具体的な施策案として、書籍、ウェビナー、広報、ホワイトペーパー、展示会、メールマガジン、SNSの活用方法を解説します。

Chapter6　初回購入フェーズ　「商談」と「商品」の障壁を下げる

　顧客が初めて商品を買う「初回購入フェーズ」の戦術を解説します。新規受注は継続受注やアップセルよりもずっと難しいため、いかに初回購入

ハードルの低い商品を設計するかが重要な論点です。さらに商談獲得の
ハードルを下げるため、インサイドセールスが潤滑油になって商談を設計
すべきです。さらに具体的な施策案として、Webサイト、入力フォーム、
広告、SEO、メール、ウェビナー、アライアンスの活用方法を解説します。

Chapter7　継続購入フェーズ　LTVトリガーを定性調査で見極める

　顧客がリピートして商品を買う「継続購入フェーズ」の戦術を解説しま
す。継続的に選ばれ続けるためには、商品そのものを磨くほかありません。
商品を磨くためには、顧客体験改善のため「定性ユーザ行動観察調査」
がおすすめです。さらに具体的な施策案として、購入直後のサポート、「続
ける理由」と「従量課金」の設計、「離反リスク」と「アップセル機会」のシ
グナル検知を解説します。

　**本書で紹介する「BtoBマーケティングの定石」を実践すれば、100点
満点中80点までは誰でも到達可能**です。成果の出る手法の多くは再現
性が高く、それだけやっていても十分大きな成果（80点）を期待できます。
　一方で100点満点を目指すとなると、最新トレンドの追求や、才能に依
存するアイディア出しなど、再現性の低い手法にも取り組むことが必要で
す。世の中のマーケターは、80点に達していないにもかかわらず、始め
から100点を取ろうとして高度なことにチャレンジしすぎています。
　まずは歴史が証明した再現性の高い「定石」から着手しましょう。

2022年11月　垣内勇威

Chapter 3

戦略の定石
貴社に本当に必要なマーケティングとは？

Chapter 4

戦術の定石
トップ営業の生み出す「顧客体験」を再現する

Chapter 5
日常生活フェーズ
「信頼」と「純粋想起」を獲得する

Chapter 6

初回購入フェーズ
「商談」と「商品」の障壁を下げる

ブックデザイン　三森健太（JUNGLE）
DTP　一企画

Chapter 1

なぜ
BtoBマーケティングの大半は
失敗に終わるのか？

BtoBマーケティングは
何度も失敗を繰り返す

「マーケティング」が売上につながらない理由

　日本に古くからあるBtoB企業の多くは、私の知る限りでも少なくとも20年前から「マーケティング」を導入しようとしては、失敗を繰り返しています。

　この失敗をもう少し具体的に言えば、「マーケティング」の手法は何度も試しているのですが、それらが全然「売上」につながっていないということです。

　この原因は非常にシンプルで、「売上」を担ってきた営業部門の人たちが、「マーケティング」の手法に懐疑的であり、連携がスムーズにいかないという組織課題にあります。

　この課題を認識するため、まず簡単なシミュレーションクイズを出します。

【第1問】

あなたは「自社のマーケティング担当者」です。今期は毎月100件の新規アポを作らなければなりません。次のユーザのうち、商談につながりやすいと思うものに○を、つながりづらいと思うものに×をつけてください。

1) 電話で問い合わせしてきたユーザ 　　　　　　○ or ×
2) Web広告から資料請求したユーザ 　　　　　　○ or ×
3) ウェビナーのアンケートに回答したユーザ 　　○ or ×
4) 展示会で名刺交換したユーザ 　　　　　　　　○ or ×
5) Webサイトの料金ページを見たユーザ 　　　　○ or ×
6) メルマガのリンクをクリックしたユーザ 　　　○ or ×
7) SNSでコメントをくれたユーザ 　　　　　　　○ or ×

【第2問】

あなたは「自社の営業担当者」です。今は既存顧客20社の営業を担当しており、それぞれ毎月訪問するだけで忙しく過ごしています。既存顧客だけで営業目標に届かない時は、既存顧客から他部署を紹介してもらったり、過去に訪問していた見込みの高い顧客に連絡したりしています。ある日、自社のマーケティング担当者から、新規に獲得した見込み顧客に、自分でアポを取って訪問して欲しいと依頼されました。次のユーザのうち、対応したいと思うものに○を、あまり対応したくないと思うものに×をつけてください。

1) 電話で問い合わせしてきたユーザ 　　　　　　○ or ×
2) Web広告から資料請求したユーザ 　　　　　　○ or ×
3) ウェビナーのアンケートに回答したユーザ 　　○ or ×
4) 展示会で名刺交換したユーザ 　　　　　　　　○ or ×
5) Webサイトの料金ページを見たユーザ 　　　　○ or ×
6) メルマガのリンクをクリックしたユーザ 　　　○ or ×
7) SNSでコメントをくれたユーザ 　　　　　　　○ or ×

図1-1 組織課題を理解するためのシミュレーションクイズ

どのユーザが新規商談につながるか？	【第1問】 マーケティング 担当者の視点 ○ 商談につながりやすい × 商談につながりづらい	【第2問】 営業担当者 の視点 ○ 対応したい × あまり対応したくない
1. 電話で問い合わせしてきたユーザ	○ or ×	○ or ×
2. Web広告から資料請求したユーザ	○ or ×	○ or ×
3. ウェビナーのアンケートに回答したユーザ	○ or ×	○ or ×
4. 展示会で名刺交換したユーザ	○ or ×	○ or ×
5. Webサイトの料金ページを見たユーザ	○ or ×	○ or ×
6. メルマガのリンクをクリックしたユーザ	○ or ×	○ or ×
7. SNSでコメントをくれたユーザ	○ or ×	○ or ×

　どちらの担当者視点でも○が多くついた方は、マーケティング担当者としての視点が強いでしょう。逆に×が多くついた方は、営業担当者の視点が強いと言えます。

　1問目では○が多く、2問目では×が多かった方は、営業とマーケティングをどちらも経験したことがあり、現実がよく見えているのではないでしょうか？　両方の視点を知って苦しんだことのある人は、どちらの立場も気遣えるはずです。

　この**クイズの結果が示すのは、どれだけ経験豊富な人であろうとも、営業視点とマーケティング視点を同時に持つことの難しさ**です。どちらかの立場になれば、もう片方の視点を失ってしまい、組織間で軋轢を生みます。

　まずは、営業とマーケティング、それぞれの視点のギャップを正しく認識することからスタートしなければなりません。**常時どちらの視点にも配慮したコミュニケーションができる人物こそが、理想的なマーケター**と言えるでしょう。

「足で稼ぐ営業」に依存するBtoB企業

　もともと、日本のBtoB企業は、マーケティングという概念が育ちにくい環境に置かれていました。日本国内の市場では、国土が狭いうえ大手企業は都市部に集中しているため、営業担当が足を使えば大きな成果を上げられました。わざわざつかみどころのない「マーケティング」に頼らなくても、フェイス・トゥ・フェイスの人海戦術のほうが安心して任せられたのです。

　今でもトップ営業と呼ばれる人たちほど、足繁く顧客を訪問し、御用聞きからオーダーメイドのサービスを提供し、聞いた話は自分の手帳にだけメモしています。この営業活動で得られた顧客データ、営業ノウハウ、顧客との関係性は、すべて属人的なものでしかなく、社内のほかの誰にも共有されていません。「マーケティング」手法の入り込むすきがまったくないのです。別の見方をすれば、一人ひとりの営業が、属人的に自分の顧客に対してだけマーケティング的な活動をしていたとも言えます。

　一方で、最近新しくできたベンチャー企業などでは、まだ営業手法が確立されていないため、教科書通りの「マーケティング」業務が素直に浸透しています。

　足で稼ぐ営業に依存するBtoB企業にも、「マーケティング」を導入すべきだというトレンドの波が何度も起こりました。国土の広い海外への展開を迫られたり、海外の成功事例や先進的なツールが伝来したり、デジタルマーケティングの技術が洗練されたり、日本のBtoB企業は「マーケティングが不在である」というコンプレックスに後ろめたさを感じてきました。

　企業内部からもマーケティングへの期待は高まり続けています。売上の頭打ち、国内市場の飽和、優秀な人材の流出などが重なり、これまでの属人的な営業手法に限界が来ているのは明らかです。さらに新型コロナウイルス感染症のまん延によって、足で稼ぐ営業手法からの脱却を標榜する企業は一段と増えています。

　こうした背景から、BtoB企業では毎年のように「マーケティング」を導入すべきだという経営方針を「トレンディな言葉」に言い換えて宣言し、毎

年のように名前だけ新しくした「マーケティング」を管掌する部署を生み出してきました。当然の話ですが、**足を使った営業頼みが根本であることに変わりがないため、この表面的な「マーケティング」の導入は必ず失敗に終わる**のが常です。

　私からすれば「明日から最先端の筋トレマシーンでダイエットします」と言って、深夜に背脂たっぷりの豚骨醤油ラーメンをたらふく食べてしまう人と大差がないように感じます。

マーケティングが営業の邪魔をしてはいけない

　失敗の原因は経営者だけによるものではありません。マーケティングを任された現場でも、失敗例は数多く存在します。よくあるのは、マーケティング担当者の空回りです。よかれと思って集めた新規の問い合わせは、営業担当に見向きもしてもらえず捨てられます。それならばとアポイントメントまで取ってやると、インサイドセールス組織を立ち上げれば、営業に余計な仕事を増やすなと怒られます。営業からすれば、いつものお客様相手だけでも忙しい中で、ターゲット外かつ見込みの薄いアポイントを無理やりねじ込まれたと感じるため、不快極まりないのです。

　ほかにも、営業担当が持っている名刺をかき集めて顧客リストを作り、一斉メールを送信したところ、営業から「俺の客に変なメールを送るな」と怒られます。すでに失注リスト扱いのリストですら、メールを送れば「余計な仕事を増やすな」と怒られます。

　挙句の果てに、「マーケティング担当者の仕事は費用対効果がわからない」と糾弾され、部署そのものがお取り潰しになります。あとに残るのは、導入してほとんど使っていない最新鋭のツール、見様見真似で始めたブログ記事、何に使うかわからないけど統合してみた顧客データだけです。

　言うまでもありませんが、マーケティングが営業担当の邪魔をしてはなりません。**マーケティングは「足を使った営業担当」を活かしつつ、彼ら彼女らを全力でサポートすることから取りかかるべき**です。

まずは**営業人材の格差を埋めるサポート**です。トップ営業の活動をひもとき、どの営業担当でも再現性高く、売上を伸ばせるようにします。

　次に**営業担当の業務効率化サポート**です。営業の仕事の中には、人間がやらなくてもいいことが無数にあります。これらをデジタルなどの手段に置換してコストカットします。

　最後に**人間では不可能な年中無休の顧客対応サポート**です。人間の営業担当では、24時間365日ずっと顧客と接することはできません。これによって顧客満足度を高めるのみならず、商談機会を逃さないようにします。

DXの本丸は「マーケティングの導入」

　最近は新型コロナウイルス感染症の拡大により、長く停滞してきたBtoB企業の中にも、本気でマーケティングに取り組む企業が出てきました。トレンディに言い換えれば「DX」ですが、その本丸の1つは「マーケティングの導入」にほかなりません。

　「DX」はデジタル・トランスフォーメーションの略ですので、本来はデジタルを活用したビジネスモデルの変革を意味します。しかし一足飛びにビジネスモデルにまでテコ入れすることは難しいため、多くの企業は既存業務の中でデジタルが使えそうな領域を探して、お茶を濁そうとしているのが実情です。

　デジタル活用で最も推進しやすいのは、短期的なコストカット案件です。これまで人力でやってきた業務を、デジタルに置き換えられれば、わかりやすくコストカットの実績を作れます。コロナ禍以前もコストカットのためのIT活用は進んできました。しかし、**何度チャレンジしてもなかなか進まなかったのが「営業担当者」のデジタル化であり、言い換えればこれが「マーケティング」の導入**なのです。

　これまではなかなか進まなかった「マーケティングの導入」ですが、経

営者が重い腰を上げて大号令を出し、今までにない大規模な予算が組まれ、社内の有力者が本部長クラスにアサインされるなど、ようやく成功の土台ができつつあるケースも見かけます。

　しかし失敗した歴史に学ばなければ、最新ツールとブログ記事と統合データの廃墟を、今までよりも盛大に遺すことになります。

　このChapterでは、BtoBマーケティングが失敗するメカニズムを明らかにし、成功に導くための糸口を見つけます。そもそもBtoBマーケティングの理想形はきわめてシンプルであり、概念としては決して難しくないものだということからまずお伝えしましょう。

マーケティングの理想形は
小学生でもわかるくらい簡単

「マーケティングの理想形」とは？

　そもそもBtoB企業が理想とする「マーケティング」とは、どのような状態を指すのでしょうか？

　マーケティングオートメーション（MA）ツールを、マーケティング担当と営業担当が全員使いこなしている状態でしょうか？　サンフランシスコの大規模カンファレンスで、ツールを使いこなした成功事例として登壇することでしょうか？　統合した顧客データの解析から、自動的にアタックリストの優先度が決まる状態でしょうか？

　こうした理想形を思い浮かべる人がいるとしたら、それらは手段でしかなく理想が低すぎると言わざるをえません。**マーケティングの理想形は「顧客視点で顧客に価値を提供できている」**状態です。これは小学生でもわかるくらいシンプルであり、同時に実現が非常に難しくもあります。

　小学生でもわかるように「顧客視点で顧客に価値を提供できている状態」を、「商談前」「商談中」「購入後」という体験の順番で現実と対比しつつ解説していきます（29ページ、図1-2参照）。

信頼関係のない相手に
売りつけようとするマーケティング担当

　まずは「商談前」です。BtoBで営業担当がつくビジネスであれば、商品の値段は年間50万〜100万円以上することがほとんどでしょう。高いものであれば億単位の商品も少なくありません。これほど高価な商品を、見知らぬ人からいきなり買うことは稀です。そのため商談前に、まずお客

様と「信頼関係」を築くことが不可欠です。

　小学生でも**「信頼関係」のない初対面の人に、いきなり高額商品を売りつけるようなチャレンジは無謀**だとわかるでしょう。まずは学校で少し話すようになってから、お互いの家に遊びに行くようになり、相手の誕生日を祝うこともありと信頼関係を積み重ねた友人であれば、少し無理なお願いでも通りやすいと思うでしょう。しかし世のマーケターはこの無謀なプッシュ営業を、厚顔無恥な態度でやってのけます。Webのサイトの広告枠に表示されるディスプレイ広告から、今すぐ買う人を刈り取ろうなどと思っていないでしょうか？　同じ広告を何回も見せていれば、いつかは買うだろうなどという幻想に囚われていないでしょうか？　顧客視点からすればありえない施策であることがすぐわかります。

　さらに「信頼関係」の築き方でも、世のマーケターは大きな勘違いをしています。寄せ集めた顧客リストにメールマガジンを一斉配信していれば、ナーチャリング（顧客の育成）ができるなどと思っていないでしょうか？　Webサイトにカッコいい画像を掲載していれば、ブランド感が醸成され「信頼関係」が築かれるなどと思ってはいないでしょうか？小学生でもわかりますが、信頼関係を築きたいなら相手に喜んでもらう必要があります。「つまらないメルマガ」や「カッコいい画像」でお客様が喜ぶわけがありません。

　手段を選ばなければ、「信頼関係」を築くためにできることはいろいろあります。お客様と偶然会うことがあれば何気ない雑談で親交を深めたり、お客様が困っていることがあれば自分の専門外でも必死に調べてサポートしたり、お客様のSNS投稿に共感すれば「いいね」やコメントで反応したり、いくらでも思いつくはずです。

　小学生でも友人と「信頼関係」を築く方法を日々学び、実践しています。それが「マーケティング」施策になった瞬間、なぜか顧客視点が捨て去られ、街中に号外のビラをばらまくような雑な施策が横行するのです。私は過剰な「おもてなし」を推奨しているわけではありません。**「信頼関係」を築くために、顧客視点で喜んでもらえること以外はすべてやめるべき**だと言っているのです。

図1-2 マーケティングの理想形は「顧客視点で顧客に価値を提供できている」状態

	理想	現実
商談前	**まず信頼関係を築く** ✓ 専門外の相談でも必死に調べてサポートする ✓ 雑談やSNSを通じて親交を深める	**企業から情報を押し付ける** ✓ メルマガの一斉送信 ✓ カッコいい画像の追求 ✓ 刈り取り狙いの広告
商談中	**親身にヒアリングする** ✓ 顧客の悩みを親身になって受け止める ✓ 悩みを解決する商品を作るか紹介する	**ヒアリングはフリだけ** ✓ フリだけで、顧客の悩みに興味はない ✓ 売りたい商品の話しかしない
購入後	**声を聞き、価値を伝える** ✓ 商品価値を感じてもらえるようにサポート ✓ 顧客の声を商品開発やアップセルに活かす	**声が届かないように避ける** ✓ 購入後のサポートは「コスト」なので省力化する ✓ 顧客から連絡が来ないように避けようとする

商談で「聞いているフリ」をする
営業担当

　次に商談に入ってからの理想形をお話しします。お客様が何かに困っているとしたら、まず何からすべきでしょうか？　小学生でも友人が困っていれば、まず何に困っているか親身になって聞くはずです。

　しかしこれが企業の営業担当だと、お客様の悩みをヒアリングする「フリ」だけするようになります。ソリューション営業といえば「ヒアリング」していればいいと勘違いしている営業担当が多いため、とにもかくにもまずヒアリングだけするのです。

　大半の営業担当は、いかにお客様の話を都合よく解釈して、自分の商品を売り込むかしか考えていません。お客様の困りごとを親身に聞くようなことはせず、聞いている「フリ」をするのです。当然ながらそこから繰り出される営業トークは、ヒアリング内容を一切加味しておらず、収録済みの商品紹介動画と何ら変わらないことがほとんどです。

　本当に親身になってお客様の話を聞いたとすれば、自社の既存商品だけでは解決できないことがたくさん出てきます。しかし売るものがなければ大半の営業担当は思考停止し、話題をそらしてしまいます。一方で小学生なら、自分の商品を持っていませんので、ゼロベースで解決策を考えるでしょう。これこそが顧客視点で価値を提供するということです。

　お客様の課題に真剣に向き合うなら、自ら新商品を生み出すしかありません。導入障壁が高いならトライアル商品を作ればいいですし、パッケージだけで解決できないなら人的サポートを付ければいいのです。イノベーティブな新商品を生み出すまでいかなくても、商品のカスタマイズには無限の可能性があります。

　マーケティング担当や営業担当に、商品開発の権限はないと思う方もいるかもしれません。しかし本当に「マーケティング」を導入しようとするならば、この壁を乗り越えていかなければなりません。

既存顧客を「コスト」とみなす
カスタマーサポート担当

　最後に、既存（購入後）のお客様との理想的な関係をお話しします。小学生のように素直に考えるならば、高額商品を買ってくれたお客様には、全力で商品の価値を感じてもらえるようにサポートするはずです。

　しかし残念ながら、企業にとって既存顧客は「コスト」だと見なされがちです。管轄部署は、売上増加を担う営業から、コスト削減を担うカスタマーサポートに移ります。お客様を「コスト」だと見なせば、それはできるだけ黙っていて欲しいやっかいな存在であり、できる限り連絡をとりたくない相手になります。

　ここでも顧客視点で価値を提供するならば、既存顧客対応を最大のチャンスだと捉えられます。既存顧客と積極的に対話から得られる示唆を、商品開発に最も役立ちます。

　また一度でも商品を買ってくれたお客様は、多少なりとも「信頼関係」が構築されています。ゼロから新しいお客様に声をかけるよりも、既存のお客様に連絡するほうが売上観点でも効率的です。

お客様からすれば「連続した出来事」

　ここまでお話しした「商談前」「商談中」「購入後」という体験は、一人のお客様からすれば連続した出来事です。企業からすれば、別の部署が担当していたり、対応履歴が残っていなかったりして、バラバラな対応になりがちですが、お客様は連続した体験を期待します。

　体験が連続していないと、例えば「商談前の担当を信頼していたのに、違う人が営業に来た」「買う前にお願いしたことが、サポート担当に引き継がれていない」「メディア掲載された社長の姿勢が好きで購入したのに、商品からはその姿勢がまったく見えない」など、様々なネガティブな状態を生みます。

　顧客対応を複数の部署や担当者で分担すること自体は、組織が大きく

なれば仕方のないことです。しかし、**顧客視点で連続した心地のいい体験になっているか、組織を横断して監査する役割もまた不可欠**です。

　本当に「顧客視点で顧客に価値を提供する」ならば、お客様一人ひとりに向き合い、小学生並みにピュアな姿勢で価値を生み出し、連続した顧客体験を設計する必要があります。

　ここまでご説明した理想形を実現するならば、途方もなく面倒な社内調整が発生するでしょう。広報部、マーケティング部、営業部、カスタマーサポート部、開発部、生産部など縦割りになった組織で、「顧客視点」という軸を貫くことはきわめて困難です。**本書が目指す「マーケティング」とは、こうした困難に立ち向かう「世直し革命」**なのです。
　この困難に向き合わず、小手先のツールやテクニックを導入したとしても、結局、活かしきれずに終わることがこれまでの歴史からも証明されています。

マーケ担当は権限と人望がなく、自己満足に走る

マーケティング組織の作り方次第で失敗が確定する

前項で述べた理想形を阻むものは、言うまでもなく「組織の壁」です。「顧客視点」にコミットする部署はなく、機能別の部署が個別最適化に走ればマーケティングの理想形から遠ざかる一方です。

この状況で作られるのが「マーケティング」を担う部門であり、この組織の作り方次第で「失敗」が確定します。

| 失敗 ① |

マーケティングの定義を狭く捉えすぎてしまう

一番失敗しやすいのは、マーケティングの定義を狭く捉えすぎた経営者が、局所的な役割だけを任せるケースです。目的を「リード（見込み客）獲得」や「認知獲得」などに限定し、担当領域を「Webサイト運営」「広告出稿」「セミナー企画」など営業の手前とした組織ができあがります。

たしかにこうした業務は必要ですが、マーケティング活動のごく一部を切り出したものにすぎません。<u>全社の活動を顧客視点で再設計するような権限は与えられていないため、できることは担当領域の局所最適化だけ</u>です。

こうした部署にマーケティング全般を丸投げした気になって、座して成功を待っているような経営者は、責任を放棄していると言わざるをえません。

わずかな権限しか与えられていない状況でも、こうしたチームのメンバ

ーはマーケティングの理想形を外部から聞かされ、いつもモヤモヤした気持ちで仕事に取り組んでいます。

この組織の名前に「マーケティング」という大層なミッションを冠してはなりません。「リード獲得」や「プロモーション」という名称にすべきであり、マーケティングを担う部門の1ユニットとすべきです。

| 失敗 ② |

権限の弱い部門横断組織を作ってしまう

次によく失敗するのが、部門横断でマーケティングを担う組織を作るケースです。部門の名前としては、「マーケティング本部」や「営業企画本部」などストレートなケースもあれば、「DX本部」「CRM推進本部」「デジタル統括本部」などデジタル活用を中心にマーケティングの推進が期待されているケースもあります。

全社でマーケティングに取り組むため、部門横断の組織を作るという発想は正しいと言えます。しかしこのアプローチは、これまでことごとくが失敗に終わりました。

失敗の原因は、ひとえに社内調整力の弱さにあります。この新しい横断組織に与えられた権限が、他部門の権限を超越するものでもない限り、顧客視点での改革は進みません。

顧客視点での仕事は、今まで経験したこともない新たな業務を増やしますが、その見返りとなる短期的な売上増加は見えづらい点がネックです。短期売上にコミットしてきた営業部門からすれば、ぽっと出の部門からどう見ても面倒くさそうな仕事を提案されたと感じるため、当然のように反発したくなるのです。

権限だけでなく、担当者に人望がない場合も即失敗します。この部門に求められる仕事は、顧客視点を持って、他部門を説得・調整することです。社内の人間関係を理解し、時には泥臭い交渉術を駆使して関係者を巻き込み、時にはファクトを駆使して正面突破しなければなりません。この部署にふさわしい人材は、社内の人間関係に詳しい生え抜きの人材で

す。

　しかし、外部から「マーケティング」や「デジタル」の専門家を採用してしまい、このポジションに据えて失敗するケースをよく見かけます。社内政治に敗れれば専門知識の出番はなく、単純作業を押し付けられるだけの便利屋になってしまいます。

自分たちの部署だけで完結する
「やった感のある自己満足の仕事」

　他部署への影響力を行使できないマーケティング部門が陥るのは、自分たちの部署だけで完結する「やった感のある自己満足の仕事」です。典型的なのは**「ツール導入」「データ統合」「デザイン刷新」**の自己満三兄弟です。

　まず**「ツール導入」**は、新任マーケティング責任者が好む「やった感のある仕事」の代表格です。たしかに「ツール導入」はマーケティング活動に欠かせませんし、ツール自体が悪いというわけではありません。しかし、どのようにツールを活用するかを決めないままに、ツールさえ導入すれば何もかもうまくいくという幻想に囚われ、ベンダーの提案の言いなりになっているケースを本当によく見かけます。当然ですが、ツールはただの手段であり、目的と仮説がなければ無用の長物です。

　次に**「データ統合」**も社内に散らばったリソースを集約するという大義名分があり、わかりやすい実績になるのでしょう。しかしこれも、データ活用の目的と仮説がないままに、とりあえず社内にあるデータを統合しただけでは、絶対に何の役にも立ちません。少なくとも私はこの「データ統合」プロジェクトで成功した会社を一度も見たことがありません。まず偶然溜まっていた顧客データだけで、分析に足るインプットがそろうことはまずありえません。さらに人間が後付けでデータを解釈しようとしても、役立つ結果はほとんど出てきません。インプットからアウトプットまで完全にAIに任せる広告運用のような使い方なら唯一可能性はありますが、それすらも活

用の仮説を持ってからデータ統合に取り組むべきです。

　最後に「**デザイン刷新**」も成果を測定しづらい施策ゆえに、成否にかかわらず、やった感の出る仕事です。しかし、Webサイトのデザインリニューアル、ロゴのリブランディング、カタログのデザイン刷新などで、顧客が喜ぶはずがありません。みなさんもユーザとして「どこかのBtoB企業がWebサイトをリニューアルしていて嬉しかった」などという経験はないはずです。喜ぶかどうか以前に、デザイン刷新したことに気づきすらしない人が大半です。「デザイン刷新」という仕事は、企業側の自己陶酔を全世界にアピールしているにすぎません。当然、短期・長期ともに売上増加にはほとんど貢献しません。

　これらの仕事は、いずれも他部署との調整は最低限で済むうえ、作業の完了自体を成果として喧伝できなくもない業務です。

　さらに最新のトレンドに乗っかれば、先進性のアピールにもつながります。ベンダーに呼ばれてカンファレンスで登壇でもすれば、時代の最先端を突っ走っているような錯覚さえ感じられるでしょう。

　しかし売上増加やコスト削減には一切貢献しません。最先端のツールや事例であればあるほど、その取り扱いは難しく、後々の廃墟の山が大きくなるだけです。

　顧客視点の改革にも当然つながりません。他部門と積極的に連携してツール導入やデータ統合をしたならば、関係構築につながる可能性はあるでしょう。しかし自分の部署だけで極力完結させようとして進めたのならば、他部門からの反応は「あいつらは勝手に何かやっているだけ」という無関心か、「私達の稼いだお金で無駄なことをして腹立たしい」という負の感情のみでしょう。

顧客視点で組織を超える
「世直し革命」を起こす

短期売上視点から顧客視点へとシフトする
「世直し革命」

　マーケティングに本気で取り組むということは、「世直し革命」を起こすようなものです。短期売上視点から、顧客視点に価値観をシフトする「革命」です。

　「顧客視点で顧客に価値を提供する」という理想形を社内の誰に話したとしても、間違っていると否定する人はいないはずです。本当はそうすべきだとわかっているし、現状がよくないことも重々承知しているけれども、組織という壁が邪魔して理想に近づけないと、誰もが愚痴ることでしょう。

　「革命」なのです。圧倒的な熱量を持った先導者が現れ、少しずつ社内の協力者を巻き込み、最終的にまったく違う会社になるくらいのゴールを目指さなければ、マーケティングが浸透したとは言えません。

　顧客視点の革命を起こすには、大きくトップダウンとボトムアップの2通りがあります（39ページ、図1-3参照）。

| アプローチ ① |

各部門の権限を超越した「トップダウン」

　1つ目の**トップダウンは、各部門の権限を超越した「神ポジション」を作り、大鉈を振るって前に進める方法**です。

　これはいわゆるCMO（チーフ・マーケティング・オフィサー）に期待される仕事です。CMOという言葉から、綺麗なマーケティング戦略を描く仕事かのようにイメージする人もいるでしょうが、本当は部門間の面倒な調整をゴ

リゴリ進める役職です。

　ただ日本ではCMOに権限を集中させることが難しく、そのまま強引に改革を進めれば、各部門の抵抗にあって失脚に追い込まれます。圧倒的なタレントに恵まれたCMOなら、柔と剛を使いこなして組織を動かすのでしょうが、そんな傑物を採用できる可能性はきわめて低いでしょう。

　社長がコミットすればいいという話もよく聞きますが、これもなかなかうまくいきません。いくら社長でも、一朝一夕に全従業員の価値観をシフトさせることなどできるわけがありません。社長すらも、暗雲立ち込める荒波に漂う船にしがみついている、一人の乗組員にすぎないのです。責任を社長になすりつけても、会社はよくなりません。**革命を起こすには、一人ひとりのメンバーが自責で立ち向かうしかない**のです。

| アプローチ ② |

顧客接点をワンチームで担う「ボトムアップ」

　2つ目の**ボトムアップは、まず領域を絞って顧客接点をワンチームで担う方法**です。特定の商品群に絞ってしまえば、少ない人数で「商談前」「商談中」「購入後」を一貫して設計・管理することが現実的になります。

　ベンチャー企業などでマーケティングが成功しやすいのは、経営者自らがすべてを管掌しているからです。しかし組織が一回り大きくなればすぐに通用しなくなります。

　まずは小さな領域から成功事例を作り、それをフックに顧客視点を浸透させていくという、途方もなく時間のかかる地道な方法です。しかし**どのような会社であっても、推進担当者に熱量さえあれば、再現性のあるアプローチ**だと私は考えています。

　本書では、再現性の高いこのボトムアップの推進方法を、次のChapter2で解説していきます。

図1-3 「世直し革命」のアプローチ

トップダウン

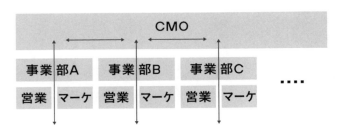

強い権限を持ったCMOが、各部門の要望を吸い上げながら、部門間を調整する

✓メリット：CMOを一人置くだけで解決する可能性あり
✓デメリット：圧倒的なタレントに恵まれたCMOが、柔と剛を使いこなして組織を動かせば成功するが、再現性は低い。社内登用も中途採用も難しい

ボトムアップ

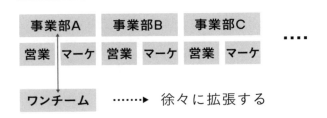

領域を絞って顧客接点をすべて担うワンチームを作り、事業部から業務を委託される。成功事例を作りつつ、徐々に領域を拡張する

✓メリット：再現性が高く、社内の人材で推進できる
✓デメリット：改革スピードが遅く、中長期で地道な取り組みを続けなければならない

Chapter 1　まとめ

 日本のBtoB企業の多くは「マーケティング」の必要性をたびたび認識し、様々なツールや施策の導入を試してきたが、いずれも売上につながらないという失敗を繰り返している

 売上につながらない原因は、営業担当者が「マーケティング」の手法に懐疑的であり、連携がスムーズにいかないという組織課題にある

 日本のBtoB企業は、足で稼ぐ営業担当者が売上を作ってきたが、彼ら彼女らからすれば、マーケティング手法の多くが自分たちの仕事を邪魔するものに見える

 マーケティング手法は、足で稼ぐ営業担当者をサポートする存在でなければならない。トップ営業の再現性強化、単純業務の効率化、年中無休の自動対応によって営業担当をサポートすべき

 マーケティング部門の権限と人望がなければ、営業など他部門を動かせずに必ず失敗する。結果として、マーケティング部門だけに閉じた「自己満足」の仕事に走り、さらに傷口を広げる

 マーケティングの理想形は「顧客視点で顧客に価値を提供できている」状態だ。このゴールは小学生でもわかるくらいシンプルだが、同時に実現が非常に難しい

 マーケティングの導入には、顧客視点で組織を超える「世直し革命」が必要である。本書では再現性が高い、顧客視点をワンチームで担う「ボトムアップ」手法を解説する

Chapter 2

組織の定石

「短期売上」から「顧客視点」への革命を起こす

分業神話に囚われず
革命を起こすワンチームを組成する

チームリーダーの人材要件

　このChapterでは、ボトムアップで短期売上主義から顧客視点へのマーケティング革命を起こすための「組織の定石」をご紹介します。

　ここでは私がコンサルティング案件で実際に体験した成功・失敗事例をもとに、成功確率が高いステップをまとめています。

　しかし組織に正解はないため、同じステップを踏んでも成功したケースと失敗したケースがありました。「定石」とは呼んでいますが、ほかのChapterに比べれば柔軟に取捨選択して取り組んでいただけるとありがたいです。

　それでは最初にどのようなメンバーを集め、どのように役割分担すればいいのでしょうか?

　まず、このプロジェクトチームのリーダーに据えるべき人物像について言及します。経営者が任命するのでも、自ら名乗りを上げるのでも構いません。**最も重要な要件は、革命の熱量を長期にわたって持続できる**ことです。リーダーは会社の現状に強烈な違和感と危機感を抱いており、何とかしてこれを変えたいと強い意志を持っていなければ務まりません。

　リーダーには、自ら新しい会社を創業できるくらいの熱量が求められます。何ならゼロから起業するほうが楽だと思うほどに、**古く凝り固まった組織を変革するにはエネルギーを要します**。こればかりは定石も何もありませんが、こうしたリーダーを選ぶことが、非常に重要な第一ステップです。

　またリーダーは革命の過程で多くの人を巻き込んでいく必要があります。万人に好かれる必要はありませんが、多少なりとも人を動かすカリスマ性

があり、社内で一目置かれる人物が最適です。間違っても営業成績が芳しくなかった人を、配置転換でアサインするようなことがあってはなりません。過去に売上を作れなかった人が、偉そうに顧客視点で講釈をたれたところで、誰一人見向きもしないからです。

　一方で、カリスマ性があふれるあまり、誰も真似できないアートを創造してしまうような人も問題です。マーケティングは「再現性」を高める仕事です。個人技ではなく、誰でもできるシステムを作っていくことに興味が湧く人でなければ務まりません。

　具体的には、**次期経営・役職者候補を期待するエースの若手をアサインするのが妥当**です。年齢が若く社内調整に不安がある場合は、社内コミュニケーションが得意なシニアをメンター的にアサインすることも有効です。

　このChapterでは、より具体的にイメージしてもらうために、ある部品メーカーの組織改革事例をご紹介します。主人公は、当時入社12年目の山内課長（34歳）です。

　新卒からずっと営業畑を歩んできましたが、5年前から事業部横断の営業企画部に移動し、マーケティング業務に携わるようになりました。ポストはマーケティング全般に携わる課の課長でしたが、その課自体が発足したばかりで、所属メンバーは未定で、やることも真っ白な状態からのスタートでした。ミッションは「事業部を横断してマーケティングとデジタル活用の知見を集め、全社展開すること」という何とも大雑把なものでした。

　現在までに、いくつかの事業部でマーケティングによる売上貢献を証明し、所属メンバーは10名以上にまで増えました。今では事業部やグループ企業から、マーケティングやデジタル活用について相談される立場にまでになっています。しかし新しくマーケティング課を発足してから、現在の成功を勝ち取るまでには、長い苦難の道のりを歩まざるをえませんでした。彼が組織を少しずつ動かしていった軌跡を、ご紹介していきましょう。

山内さんの物腰は非常に柔らかで、面と向かって人と争うようなことは絶対にしません。しかし、それでいて信念は曲げない人物です。

　仕事を頼まれても「NO」と言わない姿勢が上司から好まれ、仕事をどんどん任されてきました。同年代の友人が多いため社内の情報に詳しく、部門間の調整も飄々（ひょうひょう）とこなします。彼のチームに所属するメンバーからの信頼も厚いようで、彼が同席する打ち合わせでも所属メンバーは笑顔でイキイキと発言していました。

　山内さんが入社した当時はまだ昭和の名残があり、パワハラまがいの指導をたくさん受けてきたそうです。本当に意味があるのかどうかわからないことも含めて、足で稼ぐ営業をたたきこまれました。しかしこの非効率な営業スタイルには昔から疑問を感じていたそうで、特に頻繁に開催される飲み会を本当に嫌っていたそうです。上司はお酒がまわると、いつも同じ営業の武勇伝を繰り返します。こんな会社で本当に大丈夫かと若いころからずっと不安に思っていました。

　それでもこの会社に残り続けたのは、創業者の思想に共感していたからと、自分の事業部が作っている製品に愛着があったからでした。グローバルで見ても、これほど価値のある製品を作れる会社・組織はほかにないと信じて、今日まで会社に在籍し続けてきました。もちろん新卒から長年勤めてきた会社から飛び出すとリスクを取れなかったのも事実です。

　20代後半になり自分なりの営業スタイルを確立しました。上司に教えられた飲み会頼みの営業だけでなく、顧客の課題に直球で向き合うロジカルな提案型営業を心がけるようになりました。すぐに自社商材が売れなくても、顧客の課題に向き合い続ければ、顧客の商品会議や経営会議に呼ばれるほどにまで信頼を獲得できました。彼は照れながら話しますが、当時の売上成績はトップグループだったそうです。しかし同年代の天才的な営業担当にはどうしても勝てずトップにはなれなかったそうです。同期の天才たちは異次元のコミュニケーション能力を駆使し、休日はクライアントと家族ぐるみの付き合いをするほどに、ウェットな人間関係を構築していま

した。

　およそ5年前、会社の補助を受けて学んだ国内MBAのマーケティング講義の影響もあり、このまま「足で稼ぐ営業」に頼っている会社では絶対にダメだと心の底から危機感を覚えるようになりました。たしかに一部の天才たちは足を使って大きな売上を作りますが、「足で稼ぐ営業」を自称する営業の大半は、本当に足を使っているだけで、売上にほとんど貢献していません。

　そこで山内さんは自ら志願して、事業部横断の営業企画部に新しく発足したマーケティング課の課長として異動しました。営業部門に残れば数年後に部長も狙えるポジションでしたので、周囲からは驚かれました。友人からは飲み会で「不祥事でも起こしたか?」とからかわれたほどです。

　しかし営業部門内で、どれだけ属人的に売上を作ろうとも会社は変わりません。マーケティングの力で会社を変えたいと本気で思い立ち、これで駄目なら会社をやめてもいいとすら思っての判断でした。幸い、転職サイトに登録していれば、1日に何通も営業職でのスカウトメールがきます。もし駄目なら年収が1.5倍になる外資系メーカーにでも転職してやろうと保険をかけていました。

　この主人公の紹介文を読んで、どのような印象を抱いたでしょうか?たしかに優秀ではありますが、身の回りにいても決しておかしくないビジネスパーソンです。会社をボトムアップで変えていく人物は、英雄譚（えいゆうたん）に出てくるような個性満載のキャラクターでなくても構わないのです。

　会社を変えようと奮闘する担当者の多くは、会社に対する違和感や危機感をずっと持ちつつも、それをエネルギーに変えられる人物です。たいへん面倒なことを、とても長い期間続けられる「我慢強さ」が何よりも求められる適性です。

　個人技とチームプレイの両方が使えなければなりませんが、どちらも社内でトップの成績を取っている必要はありません。むしろ2、3番手くらいのほうが、周囲との協調性が高かったり、再現性の高い施策へのこだわ

りを持てたりと、適性が高いように感じます。

　あなたが管理職なら、まずこうした適性を持つメンバーを社内で探してみてください。あるいは自分自身に適性があると思う方は、ぜひ自信を持ってマーケティング改革の名乗りを上げてください。

メンバーは
「社内調整力」の高い人を集める

　次に集めるメンバーは、社内の人間関係に精通しており、根回しが上手な人たちです。この時点ではマーケティングの専門家や、デジタルの専門家は一切必要ありません。

　このチームのミッションは、短期売上視点で仕事している人たちに、顧客視点で仕事すべきであると説いて回ることです。そのためには、**誰に、どのように、どの順番で、説得していくべきかイメージできる人物が最適**です。社歴が長く、会社の文化や人間関係をよく理解している、生え抜きの人材が望ましいでしょう。

　理想的には、若手という立場で無邪気に働きかけるメンバー、重鎮という立場で老獪に働きかけるメンバー、顔が広い人気者という立場でフレンドリーに働きかけるメンバーなど、相手に応じて説得手段を使い分けられるように、多様なタレント（才能）を巻き込めれば最高です。

　また、影響を与えたい部署が複数あれば、それぞれの部署の出身者を集めることも有効です。特に営業部門、開発・生産部門、カスタマーサポート部門、広報部門、販売促進部門などに顔が利く、社内調整力の高い人物は不可欠です。

　ただ最初から強いメンバーを集めるのは困難でしょう。上述したような社内調整に長けたメンバーは、現在所属している部署でもひっぱりダコのはずだからです。チーム立ち上げ初期は、手を動かす実務が少ないため、まずは兼務でも構いません。週1回のミーティングに顔を出してもらい、少しずつ巻き込んでいくくらいでも上々のスタートと言えます。

マーケティング課長に就任した山内さんの話に戻ります。前述した通り、マーケティング課は発足したばかりで、メンバーは未定、やることは未定、予算もないというまっ白な状況でした。

　社内からメンバーを集めようにも、優秀な人材を引っ張ることは困難でした。仕事ができる人ほど忙しいですし、上司もそんなメンバーを手放しません。かといって仕事ができない人を寄せ集めても、マネジメントコストだけが膨らみ、スピードが遅くなるだけだと考えていました。

　山内さんは、まず自分がやりたい理想形をおぼろげにでも描くことから始めました。自分のやりたいことを自分の言葉で語れなければ、仲間集めはできません。同業他社へのヒアリング、有識者への相談、セミナーへの参加などを通じて、あるべき姿について考えをまとめていきました。セミナーは役に立たないものが本当に多く、自社の商品紹介ばかりでうんざりさせられたことも、数え切れないほどありました。

　山内さんは営業経験しかありませんでしたが、世の中にノウハウ情報はあふれていますので、いわゆる「BtoBマーケティング」の知識を身につけ、曲がりなりにも理想とする案をプレゼン資料にまとめあげるまでに、それほど時間はかかりませんでした。同じ事業部内の上司・同僚・後輩、関連事業部やグループ企業のメンバーに、今の課題と理想の姿を話し、感想や意見をもらいました。多くの人が会社の課題には共感してくれました。しかし理想を実現する難しさから、反射的に否定する人、「全然手触り感がない」とぼんやりとした反応をする人、「何か手伝えることがあったら声をかけてね」と言いつつ少し距離を置く人などが大半で、このプロジェクトに自ら参画したいと言ってくれる人はなかなか現れませんでした。

　足で稼ぐ営業が染み付いているメンバーに、いきなりマーケティングの話をしたところで、すぐに飛びついてくれるわけがありません。思った以上にプロジェクトが進んでいかないことに焦りを感じ、眠れない日もあったそうです。ただこうした情報発信によって、緩やかにでも理解者を増やしていくことは、プロジェクトを進めるうえで後々役に立つと信じ、地道な社内啓発を続けました。

マーケティング課が発足してから約半年後、転機が訪れます。ある事業部で営業成績のよかった女性社員が、産休・育休から職場復帰して時短勤務になるにあたり、営業企画への異動を希望しているという話をもらいました。山内さんはこの女性社員（青木さん）をマーケティング課に引き入れることに成功します。

　青木さんは、山内さんより年下の29歳でしたが、新卒から生粋の営業畑で、顧客や製品知識も豊富です。山内さんが所属していた営業部門とも近い商材を扱っており、クロスセルの知見まで活かせるというおまけ付きです。さらに仲のいい同僚から聞いた話によると、もともと所属していた事業部の営業メンバーとの関係は今でも良好で、彼女の頼みごとなら、と重い腰を上げる役職者も多いそうです。

　青木さんにマーケティングの知識はありませんでした。しかし初回の1on1ミーティングで、山内さんが自分のやりたいことを熱心に語ると、彼女は目を輝かせて一緒にやりたいと言ってくれました。それから数か月後には、彼女も自分の元同僚たちに、会社のマーケティングのあるべき姿を説明して回ってくれる仲間になったのです。

　こうした地道な仲間集めの甲斐があり、毎週1時間の定例会議に参加してくれる兼務のメンバーは増えてきました。前の営業部門の同僚、青木さんの元同僚、情報システム部門の同期、偶然知り合ったコールセンター部門の責任者など、会社の現状に違和感を持って集まった仲間たちです。こうして着実に改革の輪は広がっていきました。

　この事例の冒頭にある通り、マーケティング改革でまず苦労するのは協力者集めです。チームメンバーを集めるだけにとどまらず、他部署の協力者まで増やしていく活動が欠かせません。

　私の関わった案件のうち、無事にチームメンバーを集められた担当者は、自分のやりたいことをわかりやすく表現した「プレゼン資料」を持っていることがほとんどです。何度も何度も説明しているからなのでしょうが、トークもこなれていて、外部コンサルタントの私でもすんなり理解できる内容になっています。

また、**きちんと活躍してくれるチームメンバーは、十中八九、社歴の長い生え抜きメンバー**です。外部からマーケティングやデジタル施策が得意なメンバーを採用してきても、短い期間で退職してしまうという事件を何度も見ました。例外的に、プロジェクト推進や組織調整に長けたコンサルティングファーム出身のメンバーなどであれば、外部から採用しても機能していることがあります。**この段階で必要なスキルは、専門的な施策の実行力ではなく、他部署の巻き込み力**なのです。

マーケティング・デジタルの
専門家が必要ない理由

「局所的な手段」に精通した人がほとんど

　前項では熱量と社内調整力のみを重視した人事方針をお話ししました。しかし本当にマーケティングの専門家やデジタルの専門家は、アサインしなくて大丈夫なのでしょうか?

　まず世の中で「マーケティングの専門家」と呼ばれる人たちは、山内さんと同じように熱量を持ち、困難な社内調整を成し遂げ、数々の実績を作ってきた実務家です。この専門家という立場にいたるまでには、汎用性の高いマーケティングスキルの習得は一切必要なく、ただ顧客視点を徹底し、粘り強く社内を説得できる人かどうかというマインドが物を言います。著名なマーケターが書いた本で、方法論より根性論が語られるのもこれが理由です。

　外部からこうした人物を採用しても構いませんが、**社内調整をするならすでに人間関係が構築された生え抜き人材のほうがスムーズ**でしょう。学術的なマーケティング知識は、コトラーの著書など誰もが認める古典を数冊読めばまずは十分です。

　次に**デジタルの専門家と呼ばれる人は、局所的な手段に精通した人がほとんど**です。

　例えば、SEO (Search Engine Optimization:検索エンジン最適化) の専門家であれば、Google検索のアルゴリズムを日々研究しており、検索順位が変動する理由を、過去から最新トレンドまで詳しく把握しています。

　ほかにも、データサイエンティストであれば、世界中で次々と発表されるモデルをいじっており、与えられた要件に応じて計算結果を返すことがで

きます。

　いずれもビジネス上の目的・仮説・論点などが明確になったタイミング
で、手段の最適化を依頼すれば、スピーディに解決してくるプロフェッショ
ナルです。逆に言えば、目的・仮説・論点などが曖昧な状態で仕事を依頼
しても、的はずれな結果しか出てきません。

　チーム立ち上げ初期から、こうしたプロフェッショナルがいたとしても、
お願いしたい仕事が見つからずむしろ困るはずです。彼らに仕事を作る
ためだけに「お試しプロジェクト」を立ち上げるなど、余計な仕事を増やす
温床にもなりかねません。

　**革命初期のメンバーは、薄く広くデジタルの特性だけ把握していれば、
問題なく戦略と戦術を立てられます。**本書の後半をお読みいただくだけで
も、基礎的なデジタル知識は身につくはずです。最初からデジタルの専
門家をアサインする必要はありません。

社内説得をコンサルタントに丸投げしない

　マーケティングやデジタル活用を経験してきた、私のような外部のコンサ
ルタントに頼りたい気持ちもあるかもしれません。たしかに第三者的な立
場から、社内説得に協力してもらうことは有効です。社内からの発信では
聞いてもらえないことでも、外部の専門家に言わせればすんなり通ること
があります。

　**しかしこうしたコンサルタントが常駐している必要はなく、タフな説得
が必要なときだけ、ピンポイントで登板させれば十分**です。

　社内説得をコンサルタントに丸投げする会社も少なくありませんが、こ
れは完全なる職務放棄です。専門業務も社内調整もしない従業員がいた
として、その人は何の価値を出しているのか、皆目見当がつきません。自
らが仕事する意義やプライドを見失っているのならば、せめて熱量がある
人の邪魔だけはしないであげて欲しいと願うばかりです。

　マーケティング課長の山内さんも、なかなか仲間が見つからなかった最

初の半年間で、デジタルマーケティングの専門家に外注しようと考えたこともありました。情報収集目的で様々なセミナーや本をあさっていた時期とも重なります。実際にいくつかの会社に問い合わせて話を聞いたこともありました。

しかし驚くべきことに、デジタルマーケティングの専門家と呼ばれる会社や人の中には「話のかみ合わない人」が本当に多いのです。自分の説明の仕方が悪いのかもしれませんが、山内さんの会社のビジネスを理解してくれて、課題に共感してくれる人などほとんどいません。

山内さんは、デジタルマーケティング業界の人は、じつは自分の得意分野以外はわからないのではないかと疑念を持ちました。

例えばある広告会社の人は、いきなりCV（Conversion：広告のゴール）と、目標とするCPA（Cost Per Aquisition：顧客獲得単価）を聞いてきました。当時の山内さんはまだデジタルをどのように使うかも決めきれておらず、この質問に答えられませんでした。この広告会社の人からは、「BtoBのCVは『お問い合わせ』や『資料請求』にすることが多く、その条件でお見積りプランを作りましょうか？」と提案されました。しかし自社で「お問い合わせ」や「資料請求」を増やしたところで誰も喜びません。「お問い合わせ」が増えれば営業担当や技術担当から迷惑がられる可能性すらありますし、「資料請求」は発送コストがかかるわりに一朝一夕で売上につながるイメージがありません。自社のビジネスモデルや状況を理解してくれて、マーケティングやデジタルの全体像を提案して欲しいのですが、そんなことができる人は「デジタルマーケティング」業界にはほとんどいませんでした。

一方で、コンサルティングファームにいるような人にも相談したことがあります。いきなり大きな予算を捻出できなかったため、有名コンサルティングファームに過去在籍していたというまだ若いフリーランスを見つけ、期間限定の業務委託でお試ししました。依頼したお題に対して、賢そうなフレームワークを使って、きれいに資料を作ってくれるので、最初は期待していました。しかしいつまで経っても一向に具体案が出てきません。書籍や

セミナーで3か月ほど勉強した自分のほうが、まだマーケティングやデジタルに詳しいという印象を持つほどに、知識量に疑問符が付きました。さらに言えば自社のビジネスについてもなかなか理解してくれません。残念ではありましたが、数か月間のお試し期間で契約を終了することになりました

　外部協力者の人材レベルもピンキリなのでしょうが、こうした苦い経験から、「少ない予算でも外からスーパーマンを連れてこられるのでは?」といった都合のいい妄想は捨てることにしたのです。

　読者の方の中でも、この事例のような苦い経験を持つ人が、じつは多いのではないでしょうか?　マーケティングやデジタル活用に自信がない人ほど「世の中にはその道の専門家がいて、その人たちに任せれば万事うまく行くのでは?」と考えがちです。しかし**マーケティングの仕事の大半は、企業の中の人が自ら担わなければならない**のです。

　クッキングスタジオに通って料理を教わったとしても、家計を切り盛りできるようにならないのと同じです。家計を切り盛りするには、家族・親族との人間関係づくり、収入と出費のバランス保持、貯蓄・保険・住宅の長期計画立案など、自ら判断して経験して身につけていかなければならないことが数多く存在します。マーケティングもまったく同じことで、**専門家に頼れる部分はごく一部にすぎない**のです。

顧客視点を徹底するためには「役割分担」してはいけない

顧客視点で一貫した体験を作る

　最後にメンバー内での役割分担について言及します。結論から言えば、役割分担をしてはダメです。**全員がいざとなれば、自分一人ですべての業務を引き受けるつもりで臨むべき**です。

　このチームは、顧客視点を徹底するために、必要があれば「商談前」から「購入後」まで、自ら顧客の矢面に立ちます。

　いざとなれば、広報的なメディア対応、ネット広告での集客、Webサイトの立ち上げ、問い合わせへのフォロー架電、クロージング営業、メールでのフォローアップ、購入後のサポートなど、すべてをやってのける気概が必要です。

　当然、各領域の専門家ではありませんから、100点満点の品質にはならないでしょう。1つひとつの施策が50点だったとしても、顧客視点で一貫した体験を作れたならば、それはマーケティングを実践していることになるのです。

　最近は海外のBtoB SaaS事例を参考にして、とにかく「分業」すべきだと誤解している人がいます。例えば、マーケティング、インサイドセールス、フィールドセールス、カスタマーサクセスは、分業すべきだと主張します。しかし、これは事例本来の背景や目的を誤解した「神話の独り歩き」です。**「分業」の目的は、組織が大きくなったタイミングで、KPIを明確化することにあります。マーケティング革命を起こす初期フェーズにおいて、まったくそぐわない体制**であることは自明です。

　マーケティング課長の山内さんの場合、そもそも人不足のため「役割分担」ができませんでした。これがむしろ功を奏したと言えます。

図2-1 役割分担に対する誤解

役割分担した組織　　　　　　　　　役割分担しない組織

顧客の購買プロセスに合わせて役割分担した組織

✓メリット：責任の所在が明確で、大きな組織になっても管理がしやすい

✓デメリット：KPIが分断され、チームごとの個別最適化が増える。さらに顧客から見た体験が分断されやすい

一人ひとりの顧客を、一人の担当者が対応する組織

✓メリット：顧客にとって一貫した体験を提供できる。さらに手段を選ばず売上にコミットできる

✓デメリット：失注原因が分かりづらく、全体管理が難しい。組織が大きくなると課題が見えなくなる

　最初の半年は山内さん一人、次の半年は青木さんとの二人体制でしたから、分業することは叶いません。外注するにも大きな予算を取ることが難しかったため、何をするにも自ら手を動かさざるをえませんでした。

　山内さんが最初に狙ったのは、もともと所属していた営業部門の「Cランク顧客リスト」でした。「Cランク」とはお客様に対して失礼な表現ですが、あまり売上を見込めないお客様という意味です。営業部門の戦略は、既存の大手顧客重視です。営業担当は自分が担当する顧客に通い、大型の受注を継続してもらうことに集中しています。そのため、自分が担当している顧客以外に興味を持っている人はほとんどいません。新規の顧客、中小中堅の顧客などは、眼中にありません。もちろん今すぐ売上につながるというなら、最後の契約手続きくらいは担当してくれますが、面倒なやり取りは嫌がります。

　山内さんは、この誰も興味を持っていない「広大な見込み顧客群」に対して、自由にマーケティングしていいという権利を獲得しました。厳密に言えば、古巣の営業本部長から「売上に大きな影響はないし、勝手にしてくれ。ただし営業担当に迷惑はかけないでくれ」という興味の薄い反応

が返ってきただけでしたが。

　営業担当が付かないなら、契約直前まで山内さんが自ら営業しなければなりません。まだ商談する相手もいませんので、顧客リストを集めることも仕事です。こうした逆境が「役割分担」しないワンチームを作ったのです。

　この事例では、山内さんも青木さんも営業出身なので、すんなり自ら営業するという選択肢を受け入れられました。豊富な営業経験があれば、新規のテレアポも、顧客訪問も、カスタマーサポートも苦になりません。

　営業経験がないマーケターほど、自分がやりたくない業務や自信のない業務を、分業したがります。テレアポやカスタマーサポートなんて自分の仕事じゃないと切り捨てて、外注のコールセンターに架電・入電対応を丸投げしてしまうのです。

　しかし、これでは顧客に一貫した体験を提供できません。顧客からフィードバックを受け取ることもできないため、施策を洗練させることもかなわないのです。組織が大きくなっていずれ分業するにせよ、まずは自ら顧客に対峙する必要があります。顧客との接点を知らずしてマーケティング活動はできないのです。

絶対に失敗しない
「クイックウィン」で味方を増やす

「クイックウィン」を成果として
社内で認めてもらう

　革命チームを立ち上げて最初にすべきことは実績作りです。古代の英雄たちも、神の奇跡から物語が始まり、徐々に仲間を集めていきます。本書ではこの奇跡に匹敵する実績を「**クイックウィン**（Quick Win）」と呼びます。社内で成果と認めてもらえる事例がなければ、誰も話を聞いてくれません。

　BtoB事業のわかりやすい成果は、やはり売上の増加です。お金に関する成果という意味では、コスト削減も実績です。しかし新たにマーケティングを実践して、売上が増えたという事例のほうが、あとあと説明しやすいでしょう。

　売上の増加にいたらなくても、既存組織が「困っていること」をまず解決してあげることでも信頼は獲得できます。人間関係を良好にしておくと、本丸である売上に直結する施策に口出ししやすくなるのです。

　間違っても「ツール導入」「データ統合」「デザイン刷新」のような自己満足の実績を作りにいってはなりません（35ページ参照）。このような「やった感」があるだけの実績では、他部門を巻き込むことができません。

　商材によっては売上につながるまでのリードタイムが非常に長く、スピーディに成果を示すことが難しいケースもあるでしょう。それでも**できる限り「売上貢献」を数字にしてインパクトを強調**します。例えば、売上につながりそうな商談を1か月当たり10件獲得できた場合、過去の実績値からクロージング率20％と平均単価500万円に12か月をかけ合わせて、「年間

1億2000万円の売上増加見込み」と宣言してしまえばいいのです。最初に起こる「神の奇跡」など9割はでっち上げでも構いません。あとから大きな成果を生み出せばいいのです。

あらかじめどのくらいの売上増加インパクトがあれば、社内で実績として認めてもらいやすいかをイメージし目標を設定します。この目標値に達するように、まず取りかかる施策を選んでいきます。

　マーケティング課長の山内さんも、ツール導入から始めるべきなのかとずっと考えていました。いろいろなベンダーの話を聞くと、ツールさえ入れれば何もかもうまくいくといった、美味しい話がたくさん転がっています。ツールの相見積もりまで取り、何を入れるか稟議を上げる準備まで進めていました。

　このときは、偶然飲み会で話したグループ企業に出向中の同期に救われました。グループ企業では中小企業向けのBtoB商材を扱っており、マーケティング予算も潤沢にあったため、数年前にSFA（営業支援）、MA（マーケティングオートメーション）、DMP（データ管理プラットフォーム）などの各種ツールを一斉に導入したそうです。しかしこれらは今でもまったく使われていないと言います。ツール導入を推進した部長はすでに異動してしまい、彼の「功績」は負の遺産として揶揄されているそうです。

　いくらツールを入れても、売上につながるビジョンがなければ無用の長物になると、冷静になった瞬間でした。たしかに自分が営業担当なら、慣れないツールは使わないと思います。マーケティング業務に携わると、いつの間にか営業視点が薄れていき、社内調整でつまずくのです。

　この事例ではツール導入を先送りにしましたが、そんなケースは稀です。マーケティング業界で情報収集を始めると、様々な「魔法のツール」らしきものに出くわします。これらをすべてスルーできるような担当者はまずいないでしょう。

　ここでお伝えしたいのは、**「ツールが悪だ」ということはなく、あくまで「ツールは手段だ」**ということです。マーケティングを推進するうえで、SFAも

MAも必須のツールです。いつかは必ず導入することになります。さらに言えば、これらのツールは、洗練された業務フローを前提に作られていますので、導入して使いこなそうとする中で理想的な業務の「型」に近づくこともあるでしょう。

しかし忘れてはならないのが、**プロジェクト初期において最も重要なことは、できるだけ素早く売上に貢献する実績を作ることです。よそ見をしている暇は1日たりともない**のです。

最も売上に直結しやすい施策は「メール」

いきなり各論ですが、**クイックウィンで一番おすすめの施策は「メール」**です。メールは過去接点のあるお客様に無料でリーチできるため、最も売上に直結しやすい施策の1つです。さらに件名と本文のテキスト入力と、月数万円のメール配信システムだけあれば、誰でも簡単に取りかかれる「お手軽施策」でもあります。すでにメールを実施済みの事業部でも、改善方針が明快で伸び幅が大きいことも魅力です。

メールと言えば古臭いオワコン施策に聞こえるかもしれません。メールマガジンなんて最近開いたことがないと言う人もいるでしょう。しかしビジネスシーンでメールを使わない人はほぼいません。**BtoBマーケティングにおいてメールは、今も昔も主力の集客施策**です。

メールの内容はシンプルで構いません。過去名刺交換したお客様に「ご状況にお変わりありませんか?」と連絡するだけです。本来であれば、一人ひとりのお客様に、営業担当からご挨拶するのが筋でしょう。しかし膨大な失注顧客リストに対し、個別に連絡していくことは不可能です。しかもかなり前にお会いしたお客様で、顔すら覚えていない営業担当からいきなり電話がきたら迷惑千万です。

その点、**メールはお客様と適度な距離感を保って連絡できます。**先ほどは「メールマガジンなんて開かない」という意見も例に出しましたが、まさにこれが適度な距離感です。メールが受信ボックスに届いても、ほとん

どの人は開きもせず、迷惑に感じることも稀です。**100人に一人でも、興味を持った人だけ反応してくれればいいのです。**

　ただメールを送ったあと、返信を待っているだけではなかなか成果が出ません。そこでおすすめの施策が**「アンケート」の併用**です。前回商談からの状況変化や商談希望を、無料のフォームシステムなどを使って回答してもらいます。これはソリューション営業がよく行なう「ヒアリング」の代替になります。

　アンケートで商談を希望するお客様に絞り、メールや電話でアポイントメントを取得すれば、双方にとってストレスは発生しません。例えば1万人の顧客リストにメールを送れば、少なくとも2％の200人がアンケートを開き、そのうち10％の20人がアンケートに回答してくれます。このうち5人でも商談につながれば御の字でしょう。週1回メールを配信すれば、月間20件の商談を獲得でき、このうち10％でも契約が決まれば2件分の売上が発生します（図2-2参照）。

　メールは無料かつリスクがほとんどない施策でありながら、大きな効果を期待できる施策です。具体的な件名・本文の書き方や、送信頻度の考え方は、戦術の定石を解説するChapter6で具体的に後述します（226ページ）。またメール施策をすでに実施している場合や、メール送信がどうして

図2-2　アンケートメールからの商談獲得シミュレーション

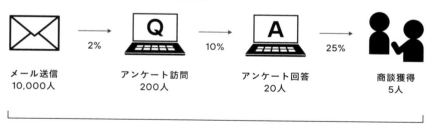

メール送信	アンケート訪問	アンケート回答	商談獲得
10,000人	200人	20人	5人

2% → 10% → 25%

月4回メールを配信すれば、商談20人／月

↓

契約率が10％なら、契約獲得2件／月

もNGな場合は、実践できそうなものを選んでみてください。

　例えば、初回購入フェーズの**「WebサイトのCV変更」「広告運用の見直し」「インサイドセールスの新設」などは、短期で改善できることが多く、かつ数字にも直結しやすい施策**です。

　マーケティング課長の山内さんも、まずはメールでクイックウィンを達成しました。厳密に言えば、やれることは手当たり次第にやってはいましたが、最初に成果が出たのがメール施策でした。

　メール施策は、社内で送信の許可だけ取り付けられれば、追加コストをほとんどかけずに実施できます。立ち上げ初期のマーケティング課でも取り組みやすい施策の1つでした。

　山内さんのもともと所属していた事業部は歴史が長く、社内でも最大の売上を誇ります。それゆえに顧客の名刺も大量に所有しているはずでした。まずは営業本部長にメール送信の許可をもらいました。返信があればマーケティング課で対応することなど、営業部門側に迷惑が及ばないことを約束しました。営業本部長とはこれまでも何度か意見交換をお願いしており、その努力の甲斐もあって交渉はスムーズでした。

　次に営業担当たちに失注顧客だけでも構わないので、名刺を譲って欲しいと行脚して周りました。名刺は営業担当のデスクの引き出しに乱雑に突っ込まれていることがほとんどです。これまでの社内啓発活動の効果と、営業本部長の許可もあり、名刺だけなら、と協力してくれる人を何人も集めることができました。

　かき集めた名刺は、名刺管理ツールでデータ化し、メール配信システムで送付できるようにしました。事業部内でかき集めた名刺の総数は約1万枚にもなりました。ただ、これだけでは名刺の枚数が心もとなかったため、ほかにも名刺を提供してくれる部署を探すことになりました。

　この事例では、比較的すんなり名刺を集められましたが、じつはこの場面で営業部門の抵抗にあうことがよくあります。名刺は営業部門にとって最大の財産の1つなので、そうやすやすと譲ってもらえるものではないの

です。

　組織調整には、地道な啓発活動と、部門トップの威光が欠かせません。営業部門内に協力者を増やす努力は、こうした場面でじわじわと効いてくるのです。

タッグを組むべき事業部の選び方

　次にクイックウィンの対象とする事業領域を選びます。余計な工夫などせずに、勝てる勝負所を探すのが近道です。

　まずは**メールを送れる顧客リストが豊富にあり、メール送信の許可をくれる事業部**を探します。営業担当の中には「自分のお客様に勝手にメールを送るな」とブロックしてくる人も少なくありません。失注済みの顧客リストでも構いませんので、最低数千人の顧客リストにメールを送らせてくれる事業部を探してください。もちろん社内に顧客リストが存在しないケースは、別の施策でクイックウィンを狙うしかありません。顧客リストはないが、紙の名刺ならあるという事業部なら、それらを取り込むことから始めましょう。

　メール配信許可をくれるような事業部は、たいてい困っている事業部です。目標達成のハードルが高かったり、右肩下がりで売上が停滞していたり、藁にもすがりたい事業部ほど、マーケティングチームの好き勝手にやらせてくれます。メール施策だけではクイックウィンが難しいケースでも、このように協力的な事業部とタッグを組みましょう。

　またメールを始め、**マーケティング施策と相性がいいのは、ターゲット企業の「数」が多い事業部**です。潜在的なお客様が、国内に1000社以上いることが目安です。BtoB事業の中には、国内10社のエンタープライズ企業（大規模な法人）のみを顧客とするようなビジネスもあります。こうした事業では、営業担当がそれぞれの顧客にガッツリ入り込んでいるため、革命チームが少し施策を講じたくらいでは、短期売上に貢献できません。

　ほかにも、顧客企業がデスクワークメインでメールを開きやすかったり、営業から導入までのリードタイムが短かったり、製品自体に強みがあってクロージングしやすかったり、**勝率を上げる要因ができる限り多い事業部を**

選定してください。

　事業部を選ぶうえで、もう1つ重要な視点は、**社内でのプレゼンスの大きさ**です。クイックウィン施策で成果が出たとしても、その事業部の売上規模が小さかったり、特殊すぎる商品だったり、斜陽産業だったりすれば、社内の着目を集められません。「あの事業部で成果が出たならば、うちでもやってみたい」と思わせられる、水戸黄門の印籠のような実績を作りましょう。すべての条件を満たす事業部は見つからないかもしれませんが、**最初に勝てるフィールドを入念に選ぶことが重要**なのです。

　マーケティング課の山内さんは、中小企業向けにやや高単価の商材を販売する事業部に目をつけました。中小企業向けゆえに、ターゲット企業数が多く、営業人員はつねに足りていません。山内さんがもともといた部署のように、担当顧客のところに頻繁には通えません。一方で、高単価ゆえに、営業がつかずに放置していても売れません。

　さらにこの事業部は、競合が強いうえに、後発というディスアドバンテージまで背負っています。しかし市場そのものは伸びているため、営業目標は高いという、よく言えば活気のある事業部でした。営業メンバーは新規案件に飢えており、山内さんからすれば社内で最も血の気の多い営業組織に見えていました。しかしこの事業部も例外にもれず、「足で稼ぐ」営業スタイルを貫いていました。

　マーケティング課唯一のメンバーである青木さんの上司のつてで、この事業部を管掌する営業本部長に話をすることができました。BtoBマーケティングの理想形から話し、今回のメール施策の許可を求めました。運がいいことに、この本部長は「何でもチャレンジしてみなさい」という思想の持ち主で、二つ返事で許可を出してくれました。営業目標がかなり高く、何にでもチャレンジしていかなければならないという背景もあったのでしょう。成果が出れば、一緒に全社展開を手伝うというお墨付きまでもらって送り出されました。

　この事例のように、タッグを組む事業部選びは、プロジェクト初期にお

いて重要な論点です。限られたリソースを投下する事業部を見誤ると、なかなか売上につながらず、革命チームの立ち上げに失敗してしまいます。

　私がコンサルティングで支援する際は、主要な事業部をエクセル上に洗い出し、上述の選定軸（ターゲット数、社内でのプレゼンスなど）で評価してもらいます。部署間の人間関係も考慮するため、選定軸だけでドライに決めることはありませんが、成功確率を冷静に見極める作業は欠かせません。

営業にもコミットして
信頼関係を構築する

　最後にクイックウィンで重要なのが、革命チームによる営業へのコミットです。自ら電話をかけ、自らアポイントメントに出向き、契約の約束を取り付けるまで自分の仕事だと認識しなければなりません。

　「それはさすがに事業部の仕事だろう?」と思うかもしれません。しかし事業部の営業担当は、通常やる気がありません。新しいことはやりたがりませんし、今の仕事だけで十分忙しいと思っています。

　売上に困っている部署なら好き勝手やらせてくれるでしょうが、自分の仕事まで変えようという熱い担当者は稀でしょう。もしそんな人が見つかったなら、すかさず革命チームに勧誘すべきです。

　事業部担当者の業務を、極力変えない範囲で協力してもらうのが重要です。事業部担当者が行きたいと思えるアポイントメントの品質をすり合わせたうえで、アポに同行してもらえれば上出来です。品質が低いと見なされたアポならば、革命チームのメンバーだけで営業します。

　そして**契約が取れそうになったら、事業部担当者の売上としてプレゼント**しましょう。こうして営業担当に恩を売り、信頼関係を構築していくのです。革命チームがいなければ目標を達成できない状況にまで実績を積み上げれば、この事業部は強力な後ろ盾になってくれるでしょう。

　マーケティング課の山内さんも、青木さんと手分けして、自ら電話しました。「電話をかけろ」と言われれば、固定電話の受話器をガムテープで手

に巻き付けられ、1日中電話し続けるようなイメージを持つ人もいるかもしれません。しかし最初は電話する回数がそんなに多くなりませんので、片手間の業務でも十分さばききれます。

　2部署の名刺を合わせて約2万件のメールアドレスが集まりましたが、メールを1回送って望ましい反応がかえってくる見込み顧客は、多くて20人ほどです。最初は電話できる数にも限りがあるため、熱いお客様だけを発見できるようにメールを工夫しました。

　まずあらかじめ営業本部に今売りたい商品を確認します。在庫が豊富だったり、競合優位性があったり、アップセルにつながりやすかったり、様々な理由で販売したい商品リストを毎月更新してもらいます。これらの商品を紹介するメールを送付します。

　さらにメールから「商品に関するアンケート」に誘導します。企業名、担当者名くらいはあらかじめわかっていますが、現在の部署名、役職名、製品導入への関わり方などを確認します。さらに今回紹介している商品への興味、導入検討状況、購入希望数などを聞いていきます。もちろん今すぐ買いたいなどと書いてくれる人はほとんどいませんが、送信対象の0.1％（約20件）くらいは少し見込みがありそうな回答結果をくれます。

　アンケートの中で電話やメールで連絡してもいいか許諾をもらっておけばさらにスムーズです。電話する人員が少ないうちは、このように顧客リストを厳選することも有効です。

　電話したときの反応が悪ければ、メールやアンケートの内容を改善しました。電話する対象が少なくなれば、メールの頻度を増やしました。集客から架電まで一気通貫でワンチームが担っていれば、このように高速でPDCAを回せます。

　山内さんも、青木さんも、営業には自信がありましたし、製品知識も豊富でした。見込み顧客に電話をすれば、3〜5割くらいの打率で商談機会を作れました。

　購入意向の高い顧客であれば、営業側は嫌な顔せずに受け取ってくれ

ました。それほど大きな売上につながる顧客を量産できるわけではありませんが、マーケティング施策経由で少なからず契約が決まるという実績を積み重ねることができたのです。

　稀に運がいいケースでは、営業がずっと攻略できていなかった大手顧客のキーマンと、このメール施策経由で接触できたこともありました。営業側は、この大手企業の調達部門としか会えておらず、生産量や価格だけで競合と比較されてしまい、なかなか導入にいたっていませんでした。山内さんの扱っている製品は技術的な強みがあり、エンジニア側にアプローチできれば導入の検討が進むことがよくあります。今回のメール施策では、エンジニア側の責任者に最近就任した人とコンタクトを取ることができました。前々から商品自体は気になってはいたが、部品の選定は調達に任せることが多く、あまり口を出してこなかったようです。こちらも営業担当と直接商談する機会に恵まれ、まだ時間がかかりそうですが前向きに検討してもらえることになりました。営業担当から非常に喜ばれた事例の1つです。

　マーケティング施策経由で営業につないだ商談と、獲得した契約は、定量的な数字と、定性的な営業担当の声を合わせて、2人の営業本部長に毎月報告しました。事業部全体の売上からすれば、初めはわずかな規模でしかありませんでしたが、今までゼロだったものから売上が生じることに期待感は高まります。「放っておいても決まったであろう顕在顧客が、メールに反応しただけでは？」など細かい反論もありましたが、継続して売上を積み上げるにつれて、マーケティング施策への期待は高まっていきました。

　簡単なメール施策のほかにも、Webサイト改善、MAツールを使ったシグナル検知、Web広告からの集客、インサイドセールスの増員など、次々に施策を試して商談数を増やしていきました。

　この事例はエッセンスを抽出して紹介しているため、すんなり成功したように見えますが、最初の売上が立つまでには、本当に様々な苦労があります。メールを含め、デジタル経由の顧客リストは、ニーズが潜在的なこと

がほとんどです。

　問い合わせがたくさん取れても、まったく商談につながらないといったぬか喜びを何度も繰り返します。営業本部長への報告内容も、初めのうちは、メールの「クリック数」や、Webサイト経由の「資料請求数」など、すぐには売上につながらない見込み数字にならざるをえません。

　なるべく早く売上を立てられるように様々な施策を仕込みつつ、営業部門側には失望されないように、少しずつでも進捗していることをアピールしなければなりません。**営業部門が興味を示すのは商談と売上だけ**です。進捗を正当に評価してもらうためには、マーケティング担当が自ら足を使って営業するか、営業部門のメンバーを巻き込んで商談に行ってもらうかしかありません。この場面でも「営業力」と「巻き込み力」が求められるのです。

営業も知らない
「忖度なき顧客の悲鳴」を共有する

「行動観察ショー」を
関係者に見学してもらう

　次はリアルな顧客の**「行動観察ショー」**を開催し、顧客視点の重要さを関係者に刷り込んでいきます。「行動観察ショー」と表現しましたが、一般的な用語で言えば「デプスインタビュー」や「ユーザビリティテスト」と呼ばれる定性調査を実施します。「ショー」と表現したのは、主目的が関係者に見学してもらうことだからです。

　前述のクイックウィンとは同時並行で進めても構いません。**「クイックウィン」で売上に貢献することと、「行動観察ショー」で顧客視点の重要さを知らしめることは、どちらも革命に必須の要件**です。進めやすいほうから着手してください。

　定性の「行動観察ショー」は、被験者1名に対して、モデレーター1名の1on1形式で行ないます。複数の被験者からインプットを集めるグループインタビュー形式よりもモデレートが簡単で、かつ被験者一人ひとりとの顧客接点の歴史を深掘りすることに適しています。

　以前の「行動観察ショー」では、会議室を2部屋用意し、片方に被験者とモデレーター、もう片方に見学者が入り、マジックミラーやビデオカメラを使ってリアルタイムに見学する方法が主流でした。しかし最近では、オンライン会議システムに被験者、モデレーター、見学者を全員入れてしまって、インタビューする方法が主流です。リモート会議の普及により、定性調査のコストは格段に下がり、誰でも簡単に実施できるようになりました。

　録画も容易に行なえるため、見学者が欠席した場合のキャッチアップも

図2-3　行動観察ショー実施までの流れ

被験者収集	見学者の予定登録	行動観察ショー開催	調査後の振り返り
ターゲット企業から被験者を集める。既存顧客向けにメールでアンケートを依頼し、該当者にインタビューを依頼する方法が一般的である。営業担当から直接お客様に依頼する方法でもOK	社内調整の観点から巻き込みたいメンバーを見学に誘う。被験者の企業名、購入商材など、興味を持ちそうな回を選び、日程調整を行なう	オンライン会議システム用いて、被験者にインタビューを行なう。見学者はカメラオフ＆ミュートで、同じオンライン会議システムに入ってもらう（※被験者は、見学者がいても特に気にしないことが多い）	インタビュー直後に見学者と予想外だった点と、改善したほうがいい点をディスカッションする。さらに欠席者のために動画の一部を上映して意見を募るワークショップも有効である

簡単です。関係者が多い場合は、録画した動画を編集し、見学会を実施するケースもあります。

最初の被験者は
ターゲット企業から選ぶ

　「行動観察ショー」の最初の被験者は、事業部メンバーが認めるターゲット企業から選びます。調査が終わったあとで「あれはターゲット外の企業だ」などと難癖を付けられたくないものです。被験者を選ぶタイミングで、事業部メンバーにも確認し、ターゲット企業かどうか言質を取りましょう。

　次にターゲット企業の中でも、取引歴の長い「ロイヤルカスタマー」を選びます。これまでの顧客接点が豊富で、インプットが多いためです。初めて取引した経験、商品を利用した経験、追加で購入した経験など、お客様と紡いだ顧客接点の歴史をひもとくことができます。

　調査の目的によっては、最近取引を開始した被験者や、まだ取引のない被験者を集めるケースもあります。しかし**初回の「行動観察ショー」では、現状把握から始めるべきです。そのためにはロイヤルカスタマーが最適**

です。

　ターゲット企業のロイヤルカスタマーを集めるのは簡単です。既存顧客リストにアンケート依頼メールを送り、インタビュー参加の可否を聞くだけです。クイックウィン施策のメール＋アンケートに仕込んでもいいですし、事業部の営業担当から直接依頼してもらってもいいでしょう。インタビューの謝礼として、60分5000円も用意すれば、喜んで参加してくれる人が増えます。

　マーケティング課の山内さんも、この「行動観察ショー」にチャレンジしました。きっかけは、定性調査の有用性を説いた書籍を読んだことでした。はじめは「ショー」というよりも、自分自身が顧客を理解したいという動機が強かったようです。
　外部に依頼することも考えましたが、まずは自分でやってみようと思い、調査の計画を立てることから始めました。
　山内課長も、いつもメールを配信している顧客リストから被験者を集めました。既存顧客に絞ってアンケートを依頼するメールを送り、回答してくれた人の中からよさそうなユーザを営業担当と一緒に選びました。
　初めから営業担当に重点顧客を呼んでもらうことも考えましたが、営業は自分のお客様の手を煩わせたくないと考えると思いますし、ここでは余計な借りを作ることは避けました。まずは簡単に始められることからスタートしようという考えです。
　ほどなくしてインタビューに参加してもいいとアンケートで回答してくれた候補者が50名ほど集まり、その中から5名の被験者に声をかけ、リモート会議システムでのインタビュー日程を調整しました。

　この事例ではすんなり顧客インタビューを実施していますが、初めてインタビューを試みる方からすれば、心理的ハードルはかなり高いでしょう。さらにBtoB企業では、余計なことをお客様に聞くなと、営業担当から怒られることも少なくありません。
　しかしリアルな顧客を見ることは、マーケティングに欠かせない要素の

1つです。ここをサボって小手先のテクニックだけ真似たとしても絶対に成功はありえません。このプロセスを後回しにすることは決して許されません。

　できる限りターゲットに近い被験者を集めたほうが望ましいのは間違いありませんが、**まずは呼びやすい知り合いのお客様からスタートしても構いません。**自社のお客様に声をかけづらいなら、ポイントサイトなどに登録している一般リサーチパネルから募集する手もあります。何とかしてリアルな顧客に会ってください。

被験者となる顧客から「悲鳴」を引き出すポイント

　現状把握だけであれば、調査のモデレートはそれほど難しくありません。**自社との取引の歴史を、最初から最近にいたるまで順を追って聞いていくだけ**です。

　注意すべきは、**意見や感想ではなく、「事実」に絞ってヒアリングする**ことです。被験者はマーケティングの専門家ではないため、「どうすればいいか?」への答えは持ち合わせていません。聞いていいのは「どのような経験があったのか?」「なぜそうなったのか?」「そのときどう思ったか?」など過去の経験のみです。

　これだけでも忖度のない顧客の「悲鳴」が次々と出てきます。あらかじめ忖度なく発言して欲しいことを依頼し、モデレーターは営業担当と直接関係がないと伝えておくのもポイントです。

　例えば、私がご支援した企業の「行動観察ショー」では、被験者が「Webサイトの情報は読みません。カタログだけダウンロードしてすぐ離脱します」と発言し、苦労してコンテンツを作り込んでいるWebサイトの担当者が落胆することもありました。

　このような**顧客の忖度なき事実に反論できる人は社内にいません。**反論があるとすれば「この被験者はターゲットではない」か「この被験者が風変わりなだけでほかの人は違う」くらいのものですが、被験者収集時にターゲット企業かどうかをしっかり確認したうえで、5 〜 10名ほどインタビュ

ーすれば、反論していた人も徐々にしおらしくなっていきます。

「行動観察ショー」によって、これまでよかれと思っていた施策がことごとく的外れであることに気づきます。一度見学した関係者は落胆しつつも、「このままではやばい」と危機感を募らせます。同時に定性調査による顧客視点の獲得が重要であり、定期的に開催しなければならないイベントであることを理解します。

調査準備段階から幅広い関係者に
ショー参加を促す

「行動観察ショー」を実施したとしても、本来見てもらいたい関係者が参加してくれないことも十分予想されます。

特に**事業部の営業担当**は、自分が一番顧客のことを知っていると勘違いしており、顧客調査には懐疑的です。しかし営業担当が知っている顧客など、わずか1時間の商談中に見せた社交辞令にすぎません。商談以外のすべての時間はもちろん、商談中ですら本音を言ってくれません。この「行動観察ショー」を見た営業担当は、例外なく自身の顧客像が歪んでいたことを自覚するでしょう。

加えて、**販促担当、開発・生産担当、カスタマーサポート担当など幅広い関係者**にも見学してもらいます。彼らはほとんど顧客に会ったことがありませんので、わずかなインプットでもいい刺激を受けます。すぐにアクションに落とせるインプットも多く、無理やりにでも一度見学してもらえればやみつきになること間違いなしです。

関係者の調査見学を促すためには、調査準備段階からの巻き込みが有効です。社内で一番顧客に詳しい営業担当に、事前仮説をヒアリングするという体裁で、ワークショップなどを開催します。その中でわかっていないことや、調査で知りたいことをあぶり出し、調査見学に誘いましょう。

山内課長もせっかくの機会なので、できるだけ多くの関係者にこのインタビューを見てもらおうと、定例会議のタイミングに合わせてインタビュー日

程を調整しました。さらにインタビューは録画してあとからでも使えるように準備しました。

インタビューのモデレーターは山内さん自身が担当しました。初めてのインタビュー業務ではありますが、聞きたいことは山のようにあります。初めて自社商品を買ったときから、今にいたるまでの経緯を根掘り葉掘り聞きました。Webサイトの使い勝手、普段送っているメールの印象、競合サイトの使い方など、デジタル接点についても聞いていきます。

インタビューの最中もたいへん楽しい時間でしたが、それ以上にインタビュー後に見学したメンバー5人くらいでディスカッションした時間のほうが有意義な時間になりました。目の前のリアルな顧客が、予想外の言動を取ったことに対して、普段それほど口数の多くないメンバーも積極的に感想を述べてくれます。

「あのカタログのダウンロードページは直したほうがいいのでは?」「競合はWebサイト訪問後にすぐ電話をかけてくるらしいが自社はやらなくていいのか?」「メールをかなり送っているつもりだったが全然気づかれていない……」など活発な議論が巻き起こります。

顧客調査は改善点がたくさん見つかることにも価値がありますが、メンバーの一体感を強めることにも大きく貢献することに気づいたのです。これこそが、あえてこの調査を「行動観察ショー」と呼ぶ理由なのです。

山内課長は、関係者5名のディスカッションがたいへん盛り上がったことに味をしめ、顧客インタビューをもっとたくさんの人に見学させようと目論みます。

まずは被験者の所属企業や購入している商材に興味を持ちそうな営業担当に個別に声をかけました。地道な作業ですが、スケジュールの空きを調べて予定を登録させてもらえば、かなりの確率で見学してもらえました。

そしてインタビュー後のディスカッションを通じて、関係者にマーケティングの理想形を刷り込み、次の施策の許可や、追加予算を取っていくのです。

この事例の通り、リアルな顧客を目にした直後の議論は非常に盛り上が

ります。社内で課題視されていたことが顧客にはまったく気づかれていなかったり、よかれと思っていた施策が顧客に不快感を与えていたり、まったく予想外なことが次々に見つかります。

　初めのうちは、「この被験者が特殊なのでは？」と半信半疑ですが、5名も話を聞き終わるころには、すべての被験者が口をそろえて同じことを言うものですから、ようやく信じざるをえなくなります。私自身累計数千人のインタビューをしてきましたが、経験則的に**5名以上インタビューを終了すれば新たな発見の数は減っていく**ものです。

　関係者に数名分のインタビューを見てもらうだけで、そのあとの議論で、「あのユーザはこう言っていた」という共通認識が生まれます。お客様の行動に反論できる人はいません。一度でもインタビューを見せた関係者であれば、「ほかの被験者がこう言っていた」という金言で何でも説得できてしまうのです。

「アンケート調査」を
正しく活用できている会社はほとんどない

　「定性調査」ではなく、「定量調査（≒アンケート調査）」なら定期的に実施している会社もあります。定量調査のほうが一見簡単そうに見えますし、N数（母集団のサイズ）が多いため納得しやすいのでしょうか？　しかしこの定量調査を正しく活用できている会社は一握りも存在しません。

　まず定量調査は、関係者に顧客視点の重要さを刷り込むことにはあまり向いていません。顧客理解が浅い関係者に対して、アンケート調査結果を見せても、リアルな顧客像がなかなか見えてきません。報告書を見せても「で？」という感想ばかりを抱くはずです。

　みなさんも淡々と報告されるアンケート結果に、退屈な気持ちを隠せなかった経験があるのではないでしょうか？　「男性が45％でした」「満足度の高い人が23％でした」「Webサイトで情報収集する人は56％でした」などと言われても「ふーん」としかなりません。

　試しに直近実施したアンケート結果報告書があれば、全ページに「で？」

とツッコミを入れてみましょう。ツッコミを入れずに済むページなんて、ほとんどないことがわかるはずです。このように世の中には何の役にも立たないアンケート調査が横行しています。自己満足の仕事そのものであり、マーケティング・リサーチの価値を貶める恥ずべきアウトプットです。

　定量調査の有効な使い道は、顧客行動の仮説を、定量的に裏付けることにあります。あらかじめ解像度の高い顧客の仮説があるものの、それが本当に定量的に正しいことなのか証明したいときに使うものなのです。まず「行動観察ショー」を実施し、リアルな顧客像が明らかになったあとであれば、定量調査による裏付けもぜひ実施すべきだと思います。

組織の境界線をまたぐ
「何でも屋」で革命を起こす

ゲリラ的なチームを
正式な組織に引き上げる

　このフェーズに入るには、クイックウィンで売上を増やした実績と、行動観察ショーによる顧客視点の重要性が、社内で認識されている必要があります。ここまでマーケティング導入の下地ができていれば、いよいよ革命前夜といったところです。ここまでに最低1〜2年はかかる企業がほとんどです。焦らずに実績を積み上げなければ、企業体質を変えるという偉業は成し遂げられません。

　ここまでは兼務中心の少人数でゲリラ的に活動してきたチームを、正式な組織に引き上げます。広報、販促、営業、開発、生産などの縦割組織の境界線を貫き、顧客視点でマーケティングを行なう横断組織です。横断マーケティング部署は失敗しやすいと前述しましたが、ここまでの下積みがあれば成功確率は格段に上がります。

　いきなり権限の強い「横断マーケティング組織」を立ち上げてしまうと、周囲の反感を買うケースもあるでしょう。こうしたときは、特定の機能だけを担うチームを作っても構いません。例えば「デジタル活用」のような名目で、事業部の困りごとを解決するような立場になれば、スムーズに事業部の中に入っていけます。

　新しい組織でやるべきことはクイックウィンの延長であり、行動観察ショーの継続です。これまでは顧客視点で短期的な売上に貢献すること主業務でしたが、ここからは中長期で効果を発揮する施策にもチャレンジできます。具体的な戦略・戦術は、Chapter3以降をご参照ください。

これまでのフェーズ同様、この新組織はすべての業務を担当します。広報、広告、Webサイト、データ活用、営業、サポート、商品開発など、組織の境界線なく、必要があればすべてを自分で担当します。

前述の通り、既存の縦割り組織で暮らしてきた人々は怠惰です。新規問い合わせを獲得しても営業担当は訪問してくれませんし、集客のためのコンテンツが欲しくても広報や販促担当は動いてくれません。既存組織の人々に、顧客視点で新しい仕事をさせることは最低限にとどめましょう。

もし新しい仕事の進め方に興味を持ってくれた人がいれば、積極的に新組織側に勧誘していきます。次第に人材も予算も増えていき、新組織の規模が大きくなります。ゆくゆくは、新組織経由で作られた売上規模が、事業部側にとって無視できないものになっていくはずです。そうなれば、既存事業部側が新組織に依存しなければ生きていけないという逆転現象が起き、革命が成就するのです。

マーケティング課の山内さんも、2年ほどをかけクイックウィンと行動観察ショーで着実に実績を積み重ねていきました。支援している事業部は3つにまで増え、商談や契約につながる施策も増えてきました。行動観察ショーもすでに30名ほど実施しており、関連事業部のメンバーを集めた動画上映会まで実施したほどです。山内さんとマーケティング課の知名度は高まり、嫉妬心から白い目で見るような人が出るほどです。

ちょうどこの時期に、新型コロナウイルスの感染拡大が重なります。足で稼ぐ営業が一時的にできなくなり、営業担当は毎日何をしたらいいかわからず、暇を持て余している状況でした。

これまでは山内さんの活動にそれほど関心を示さなかった事業部の責任者や、さらには社長や副社長からも話を聞かせてくれという依頼が舞い込みました。これを一世一代のチャンスだと捉えた山内さんは、当時トレンドだった「DX」というワードにあわせて、「BtoBマーケティングDX戦略」の企画書を営業企画本部長に提案しました。

まず全事業部を横断してマーケティングDXを支援する部を作り、個別相談、ナレッジ共有、ツール・業者選定などを行ないます。これまでのマ

ーケティング課のミッションを延長する形ですが、権限と予算を大きく拡大しにいく絵を描きました。

　さらに全社で名刺情報を共有し、SFAとMAを使って営業状況を管理するという方針を掲げました。これまで「足で稼ぐ営業」が自分だけの資産として囲ってきた顧客情報を、マーケティング部門側で一元管理するという革命宣言です。

　営業企画本部長とはこれまでも議論を重ねてきたため、すんなりこの企画を受け入れてくれました。次は一緒に社長に提案し、これも難なくGOサインをもらえました。さらに経営会議を経て、晴れてマーケティング部が新設されました。

　この事例のように、**これまでの積み重ねがあってこそ、横断組織は事業部を巻き込んで実効性のある改革を始められる**のです。しかし、多くの企業はいきなりこのパートから始めようとします。

　特に最近ではコロナ禍でDXを推し進めようとする経営の思惑で、いきなり大きな権限と予算を持たされたマーケティング部門が、改革を焦って営業部門と衝突する事例をよく見かけます。

　繰り返しになりますが、マーケティング改革に「関係者の説得と巻き込み」は欠かせません。クイックウィンによる信頼関係の構築と、ユーザ行動観察ショーによる共通言語作りなしに、プロジェクトは前進しないのです。ほかのアプローチもあるのかもしれませんが、一見遠回りに見えるこの方法が最も効率よく企業を変えると私は信じています。

「KPI設計」で気をつけるべきこと

　新しい組織を作る際に、一番注意しなければならないのが「KPI設計」です。**既存の事業部と売上を奪い合うようなKPIを設定することは、絶対に避けてください。**

　革命が成就するまでは、したたかに立ち振る舞うのが得策です。既存事業側にできる限りサポートしてもらえるように、新組織が作った売上はす

べて事業部側にプレゼントします。既存事業部のメンバーも、これまでと同じ仕事であれば比較的抵抗なく受けてくれます。新組織メンバーのリソースは希少ですので、可能な限り既存事業側の工数を拝借すべきです。

ただ新組織側も「売上」を目標に設定しなければ、自己満足の仕事がまん延してしまいます。**事業部側と重複しても構いませんので、新組織経由で作った売上を目標に設定**します。

さらに**短期売上目標に加えて、長期売上目標も設定**します。LTV（Life Time Value：顧客生涯価値）を分解した「購入単価」×「年間購入回数」×「購入年数」を初め、満足度なども計測するようにしましょう。この長期売上目標は、あとのフェーズでも活用するため、今のうちから運用に慣れておくことをおすすめします。

このタイミングから社内広報にも力を入れ始めます。どのようなミッションを担う組織で、これまでどのような実績があり、今後事業部側はどのようなサポートが受けられるのか、各事業部のキーマンに営業して回ります。クイックウィンで味方に引き入れた事業部の責任者からおすすめしてもらうのも有効でしょう。

さらに社内向けの勉強会や、ノウハウ提供も惜しみなく実施します。加えて社外イベントでの講演、成功事例としてのメディア露出も、「社内」広報に有効です。特に経営層にとっては、社内よりも社外からの評価のほうが価値を持ちます。外部からの人材採用にも役立ちますし、積極的なメディア露出を心がけるべきです。

課長から昇進して部長になった山内さんも、マーケティング部のミッションを「事業部の支援」と定めました。事業部の売上を奪うようなことはしません。もちろんマーケティング部としての売上貢献量は計算して報告しますが、あくまで事業部の売上を増やすという共通の目標達成を目指します。

「マーケティング部の予算で事業部を支援します」と社内向けのウェビナーで宣伝すると次々に問い合わせがきました。過去に支援してきた3事業部の本部長や営業担当からも後押しのコメントをもらい、社内での期待も

上々です。

　これだけ問い合わせがくるならば、と山内課長は思い切った方針を打ち出しました。それはマーケティング部の予算でやるからには、事業部はこちらから提供したリードへの営業にコミットし、SFAへの入力と報告を徹底してもらうように要求したことです。これまでブラックボックスだった足で稼ぐ営業に、SFA上での顧客管理を徹底させる約束を取り付けたのです。もちろん営業からの反発はありましたが、経営からの号令もあり大部分の顧客リストはデータ化が進みました。

　各事業部を支援して得られた成功事例は、定期的に勉強会を通じて全事業部に共有していきます。マーケティング部に相談しにこない事業部も、成功事例は知っておきたいものです。こうした情報発信によって、徐々に支援のカバー範囲を広げていったのです。

　この事例はあまりにうまくいきすぎているようにも見えますが、やはり下積みによって成功確率が上がったことを認識すべきです。多くの失敗企業は、営業担当者に対して、いきなりSFAに顧客データを入力するよう「お願い」して回りますが、ことごとく無視されます。

　事業部門は、既存業務の変更を何よりも嫌います。そんな彼ら彼女らの仕事を少しでも変えさせるためには、「経営の威光」「予算の提供」「信頼関係」「成功事例」「共通言語（認識）の醸成」など、組織改革上の切り札となる要素をいくつも組み合わせなければなりません。

成果につながらない
無駄な仕事をやめさせる

無駄な仕事をやめるときにも
「行動観察ショー」が有効

　社内広報が順調なら、マーケティングにチャレンジしたい事業部から相談が入ってきます。クイックウィンの支援は今まで通り行なえば楽勝でしょう。さらにこのタイミングから、成果につながらない無駄な仕事をやめさせる支援もスタートします。

　いよいよ既存事業側の仕事に大手を振ってメスを入れるときがきました。とは言っても新しい仕事を増やすことは嫌がられますから、まずは今までやってきた仕事のうち無駄なものをやめてもらうことから始めます。これによって捻出した時間を、新しい業務にあててもらう算段です。

　無駄な仕事を見つけるには、「行動観察ショー」が有効です。事業部側が工数をかけている施策を被験者に見せて反応をうかがいます。想定よりも見られていなかったり、売上に貢献していなかったりすることがほとんどでしょう。

　顧客不在の自己満足で続けてきたような既存事業部の仕事は、9割方やめてしまっても何ら支障がありません。それでも事業部側としっかり合意形成するために、行動観察ショーが有効なのです。

　過去のクイックウィンで培った「数字」も事業部を説得するのに有効です。これをやれば伸びる、これをやっても伸びないという事実があれば、事業部は動きやすくなります。

　BtoB事業において断捨離対象になりやすい仕事は、例えば「ターゲット不在のコンテンツ作成」「認知目的の広告」「過剰なWebサイトの作り

込み」「MAのシナリオ複雑化」「目的が曖昧な展示会出展」などです。Chapter3「戦略の定石」でも解説しますが、じつはやらなくてもいい仕事がちまたにはあふれているのです。

　今までやってきた仕事をやめるのは、非常に難しい意思決定です。現場レイヤーからは無駄だとわかっていても言い出しづらいですし、上席レイヤーからは本当に不要かどうか見極めが困難です。

　マーケティング関連の施策は、「やったほうがいいものの、必須ではないもの」が非常に多く、つねにやめることを意識していなければ、雪だるま式に仕事が増えていきます。既存の仕事を棚卸しし、無駄な仕事をバッサリやめていくというルーティンが不可欠です。

コストの低い手段に
置換することも検討する

　ただ仕事をやめさせるだけではなく、**コストの低い手段に置換することも検討すべき**です。特に営業担当の接客業務は、デジタルの顧客接点に置き換えることで、大幅な工数削減が期待できる領域です。

　特に既存顧客に定期訪問する「ルート営業」は、デジタルによって置き換えられる部分が大きい仕事です。定期的な挨拶とニーズ検知だけであれば、メールでも代替可能です。もちろん完全に顔を合わせなくなるのはリスキーですが、メールが訪問頻度の削減に一役買う可能性は高いでしょう。

　訪問自体も、オンライン会議、チャットなどに置き換えることで、移動時間や待ち時間を大幅に削減できます。コロナ禍で訪問営業が禁止されてから、1日にこなせるアポ数が3倍になりました。慣れれば受注率や満足度が落ちることもありません。

　訪問する際に必要な、「お土産」となる情報提供についても、一人ひとりの営業担当が考えていては非効率です。マーケティングを担う新組織が、つねに新たなコンテンツを生成していれば、ネタ作りの工数も大幅に削減

できることでしょう。できれば一部の営業担当も混ぜて、コンテンツ開発のための社内勉強会を開催することをおすすめします。この取り組みに営業担当を巻き込めますし、マーケティングチームだけで独善的なコンテンツを作ってしまうことを抑止できます。

既存組織の仕事を
間接的に減らす

さらに、**間接的に既存組織の仕事を減らすこともできます**。例えば、Webサイトに詳細な商品情報を掲載して、営業担当が商品紹介に使う時間を削減したり、広報担当がメディアに詳細資料を送る時間を削減したりできます。周辺部門の担当者が時間を使っている業務を明らかにし、それらをほかの手段で代替できないか考えていきます。

ほかにもリサーチ部門が、コストをかけて毎年外注しているアンケートをやめさせることもできます。既存顧客リストに同じアンケートを投げてしまい、ほぼ同じ結果が返ってくることが証明できれば、リサーチ業務をコストゼロで代替できるのです。

山内部長の場合は、初めから無駄な仕事をやめさせようと思っていたわけではありませんでした。しかし各事業部の支援に入ると、予算配分を間違えていたり、余計な工数をかけすぎていたりする業務がたくさん出てくるのです。

こうした業務の中でも、事業部側のこだわりが小さいところから徐々に断捨離していきます。成果の出ていないネット広告、過剰に作り込んだメールマガジン、目的を見失ったブログなどは、簡単にやめさせることができました。

一方で、事業部側のこだわりが強い、カタログ、特設サイトなどはなかなか変えられません。特におしゃれなデザインを追求している事業部などは、顧客側は誰も求めていないクオリティの写真撮影に時間とお金を費やしたりしています。こうしたケースは、行動観察ショーを使って地道に説得

を続けるしかありませんでした。

　さらに山内部長は念願だった「足で稼ぐ営業」の真骨頂であるルート営業の削減を模索しました。しかしこの改革は未だ道半ばです。会社に根付いた文化はそう簡単に変わらず、営業担当の仕事を奪うことはできていません。

　このコロナ禍でさえ、オンライン会議がなかなか浸透せず、訪問することを推奨する仕事の進め方が横行しています。もちろん対面のよさもあるのでしょうが、さらなる効率化を進めていきたいと試行錯誤の最中です。「人は変わらない」ので、顧客も営業も新しいスタイルに対応できる人に限定して、少しずつ変えていくしかないのでしょう。

　一方でルート営業の品質向上には、一定の手応えがありました。マーケティング部で作るコンテンツが、訪問時の手土産になると認識され、徐々に利用され始めたのです。営業担当は訪問時に持っていくネタがつねに枯渇しています。マーケティング部は、新規リスト獲得やシグナル検知のために、絶えずコンテンツを作り続けています。これらが営業活動にも流用できたのです。

　ただしこれらのコンテンツ作りも顧客視点を失えば、すぐに独善的なコンテンツ量産につながります。定期的に顧客の反応を伺うことは欠かせません。

　この事例の通り、現場にとって「こだわり」のある業務をやめさせるのは困難です。こうした業務は、事業部の誇りであり、仕事をするモチベーションにもなっています。極論すれば、やりたいならやらせておけばいいでしょう。どれだけ売上につながっていなくても、顧客の役に立っていなくても、メンバーがやる気を出せるなら続けてもいいと思います。

　実際問題として、例えば事業部がこだわる「商品の美しく大きな写真」が無駄なのかどうかは神のみぞ知る領域です。

　しかし理性的に認識できる範囲で、顧客視点での真実は伝え続けなければなりません。「価値がない業務が何か？」を地道に啓発し続ければ、世代交代のタイミングでチャンスが訪れます。マーケティング改革は地道

で息の長い活動ですから、諦めずに虎視眈々と業務改革を狙っていきましょう。

　逆に**事業部側も自信やこだわりなく、何となく続けている業務は驚くほどあっさり改革できる**ものです。一緒にユーザの行動観察ショーを見終わったタイミングなどで「顧客が言っていたから」を切り札に、無邪気に提案してみるとあっさり業務を改革できたということが多々あります。

顧客視点のKPIを追加して
革命状態を維持する

自ずと顧客視点になる
KPIを設定する

　最後の仕上げは、短期売上目標に加えて、顧客視点での長期売上目標を全社で設定し、革命状態を維持・拡大することです。

　人間は組織とKPIによって動きます。お客様を心から大切にしたいと思っている人でも、月間売上目標を背負わされれば、顧客視点など持てるはずがありません。

　自ずと顧客視点になってしまうようなKPIを設定し、短期売上目標と同じくらいコミットしている状態を目指します。

　顧客視点になるためのKPIは何でも構いません。経営から現場まで納得できるなら、本当にどんな指標でも大丈夫です。

　LTVでも、顧客満足度でも、お客様の笑顔を見た回数でも、行動観察ショーを実施した回数でも、何でも構いません。**短期売上だけを見ていると欠落しがちな、顧客視点を補える中長期指標なら大丈夫**です。

　その指標が長期売上に相関しているかどうかなど、厳密には証明できません。未来のことはわからないのですから、後づけの証明しかできません。無理やりアンケート調査などで証明して、社内で納得度を高める活動は必要でしょう。ただ本質的には、顧客視点になれる指標にコミットすれば、確実に中長期の売上に貢献しますし、指標を何にすべきか論じること自体が無意味です。

　しかし、指標なんて何でもいいという正論はなかなか通りません。**でっち上げでもいいので、中長期の売上と相関しているというデータを作り、**

顧客視点の指標を正当化しましょう。でっち上げだと開き直れば、あまり悩まずに根拠データを作れるはずです。一方で、でっち上げるとしても、顧客視点になるべきであるという熱量を失ってはなりません。この指標を管理するメンバーによる「顧客視点でありたい」という情熱が、指標運用の砦になるのです。

「顧客視点の指標」の重要性を
アピールし続ける

　顧客視点の指標は、細いろうそくの火のように弱々しい存在です。気を抜けば、すぐ短期売上へのコミットメントに負けてしまいます。経営者や、マーケティング部門のメンバーは、継続的にこの指標の重要性を宣伝しなければなりません。

　全社でコミットすべき指標なら、人事評価にも組み込む必要があります。そうなれば、売上のようにズルができない指標にしなければなりません。お客様にお願いして、満足度を100点と書いてもらうだけで評価が上がってしまうようでは公平性に欠けます。

　一方で、**顧客視点の指標だけを追うチームは不要です。必ず短期売上目標と同時に追わなければなりません。**顧客視点の指標だけ追ってしまうと、どうしても中長期のゆるふわな施策に傾倒しがちです。たまに顧客視点の指標だけを追ったチームを見ますが、小洒落たビリヤードが置かれたオフィスから、浮世離れした施策を提案し、事業部側に煙たがられています。

　ここまで紹介したような革命シナリオを省略し、いきなり顧客視点の指標だけ導入する会社も見てきましたが、例外なく失敗しています。

　「行動観察ショー」を通じて顧客視点の重要さを認識し、「クイックウィン」を通じてマーケティングの売上貢献に納得している状態で、初めて顧客視点の指標が機能します。ぽっと出のトレンディな指標だけ導入しても運用に乗るわけがないのです。

こういう指標だけ導入する会社に限って、どの指標を導入すればいいか念入りに検討します。指標を何にするかなど、本当にどうでもいいことです。そんなことに時間を使ってしまう企業体質こそが、顧客視点の欠如を露呈していると言わざるをえません。

　山内部長の仕事も、まだこの指標化にまではいたっていません。行動観察ショーは不定期で続けているため、関係メンバーの顧客視点は維持できているように感じます。これだけでも継続できれば、会社は徐々によくなっていくと考えています。
　一方で定期的に実施する定量アンケートなどで満足度の指標を取っても、ビジネスの評価指標に使えるイメージは今のところ持てません。これからさらに関わる事業部が増えて、行動観察ショーだけでは顧客視点を維持できなくなりそうになれば、顧客視点の指標も導入しなければならないかもしれません。

　ここまで山内課長が、部長に昇進し、マーケティングの世直し革命を進めていく物語をご紹介しました。この事例は私がコンサルティングを通じて目撃した様々なクライアントの物語を、一人の人物の話にまとめてご紹介しています。
　実際にはこの話のようにトントン拍子に進むわけではありません。1つのフェーズを乗り越えるために、とてつもなく面倒な社内調整を繰り返す必要もあるでしょう。それでも私がご支援して、少しでも前に進んだ人たちは、例外なく会社を少しでもよくしたいという熱量を持ち、世直し革命に挑んでいたように感じます。
　このChapterの冒頭で述べた通り、定石と呼ぶにはあまりに流動的な内容ではありますが、これから社内を動かそうという人にとって、多少なりとも道標になり、同じように苦労してきた人たちがたくさんいることを知って少しでも勇気を持ってもらえれば幸いです。

Column

組織調整という本丸の業務を外部に丸投げすることはできませんが、効率よく外部リソースを活用すれば、革命のスピードを早められます。

外部協力者に頼るべき業務は、「専門的で頻度の低い業務」か「汎用的で頻度の高い業務」です。

まず「専門的で頻度の低い業務」は、経験する頻度が低く、なかなか学習できないため、社内に専門家を作ることが困難です。月に1回の業務なら、何回やっても覚えられず、都度マニュアルを見ながら進めるしかありません。結果的にこうした業務は専門家への外注が業界慣習になっており、その専門人材にスキルが集中しています。

例えば、広告運用、SEO、ライティング、Webデザイン、顧客調査（行動観察ショー含む）、ツール導入、システム開発などが該当します。これらの業務でも、業務頻度が上がれば内製化も検討すべきです。Web広告の出稿額が月間数千万円を超えていて、多岐にわたるキャンペーンを運用しているようなケースでは、運用頻度が上がるため社内に専門人材を置くという選択肢も浮上します。

外注先の選び方は、身もふたもありませんが「人」次第で、その人が優秀かどうかに尽きます。おすすめは別領域の専門家からの紹介でしょう。優秀な人の周りには、同レベルの優秀人がいます。間違っても、広く遍くプレイヤーを集めたコンペなど開いてはなりません。優秀な人はただでさえ忙しいため、無駄なコンペには参加してくれませんし、出たとしても大したリソースを割かないでしょう。

またこうした専門人材は、多忙ゆえに「値引き」に対して非常にシビアです。ほかの大切な既存顧客が支払っているコストよりも低い額を要求されるならば、そもそも受けてもらえないか、最低限の工数・人員をあてがわれてしまいます。

次に「汎用的で頻度の高い業務」は、マニュアルなどを作って定型化すれば、習熟度の低い人材でも価値を出せます。こうした業務を、忙しい革命チームが担うのは非効率です。

業務量が少なければ新人育成枠やアルバイト採用でまかない、業務量が多くなれば人材マネジメントごと外注するという選択肢もあります。

これらの業務も決して丸投げすることなく、初期業務フロー設計と、定期的な見直しは欠かせません。

外部協力者に頼むか？　社内でまかなうか？

Chapter 2 まとめ

 チームリーダーの条件は、革命の熱量を長期にわたって持続できること。会社の現状に強烈な違和感と危機感を抱いており、何とかしてこれを変えたいと強い意志を持っていなければ務まらない

 チーム発足初期に集めるメンバーは、社内の人間関係に精通しており、根回しが上手な人たちだ。この時点ではマーケティングの専門家や、デジタルの専門家は一切必要ない

 顧客視点を徹底するためには「役割分担」をしてはいけない。チームメンバー自らが、すべての顧客接点で矢面に立つべき

 革命チームを立ち上げて最初にすべきことは「クイックウィン」による実績作り。最も売上に直結しやすい施策は「メール」である

 クイックウィンでは、影響力があり協力関係を結びやすい事業部とタッグを組む。さらに革命チームのメンバー自らが、営業にまでコミットすることで信頼関係を作る

 行動観察ショーによって、巻き込みたい関係者に「リアルな顧客の悲鳴」を聞かせる。顧客の声を使うと社内調整を円滑に進められる

 クイックウィンと行動観察ショーの実績が積み重ねられれば、次は予算と権限の獲得に動く。経営の同意を得たうえで、事業部側に協業のコミットを求める

 成果を出したあとは、事業部側の無駄な仕事をやめさせる。このときも説得のために行動観察ショーが便利である

 最後に顧客視点のKPIを設定し、革命状態を維持する。関係者が多くならないうちは、行動観察ショーの定期開催でも代替可能である

Chapter 3

戦略の定石

貴社に本当に必要な
マーケティングとは？

「BtoB」という分類は
何も言っていないに等しい

法人向けにビジネスを展開していれば
「BtoB」!?

　このChapterでは「戦略の定石」を紹介し、「何をなすべきか」以上に重要な「何をしなくていいのか?」を明らかにします。

　この問いに答えるにあたり「BtoB」という分類では大雑把すぎます。法人向けにビジネスを展開していれば、すべて「BtoB」と呼べますので、これは何も言っていないのと同じです。「BtoC」も同じく非常に乱暴なくくりです。

　最近「BtoBマーケティング」と言えば、デジタルマーケティングに注力している新興企業の手法を指すことが多くなってしまっています。

　特にBtoB SaaSと呼ばれる、業務用システムをサブスクリプションで提供する事業群が行なっている、単なるデジタルマーケティング施策を「BtoBマーケティング」などと呼んでしまっています。彼らはマス広告も打ちますし、情報発信も活発なため、さもそれがBtoBのすべてであるかのように広まってしまっています。

　しかしBtoB SaaS以外の大半のBtoB企業からすれば、自社とかけ離れた事業で、しかも狭義の各論ばかりですから、「BtoBマーケティング」とは何なのか混乱してしまいます。そもそもマーケティングとは、顧客視点で顧客に価値を提供する営みなわけですから、**自社の顧客を正しく理解せずに新興企業の真似事をしたところで、正解から遠ざかるばかり**なのです。

BtoB事業には、BtoB SaaSのようなサブスクリプション型ではないものもたくさん存在します。都度カスタマイズして販売する高額なビジネスでは、システムインテグレーター、コンサルティング会社、制作会社などの受託ビジネスがあります。

　ハードウェアを扱う企業も国内にはたくさんあります。1つひとつの単価が低い汎用品の製造業もあれば、毎回カスタマイズする受託生産の製造業もあります。

　一見BtoCのように見える食品・消費財メーカーなども、じつはBtoB企業です。BtoBtoCなどと表現しますが、消費者に届く前に小売を経由しますので、BtoBマーケティングが必要なケースも少なくありません。

　さらに法人向けの製品をECで販売するビジネスもあります。このビジネスモデルは、ほかのBtoB事業と定石がかけ離れているため、本書では対象外とします。もしご興味のある方は、前著『デジタルマーケティングの定石』のChapter11をご参照ください。ただBtoBのECを運営するうえで、その周辺のBtoB事業の定石を理解することも有意義だと私は考えています。

　またBtoC事業の中にも、本書にあるBtoB事業の定石をそのまま使えるものがあります。主に営業担当がクロージングする高単価商材が対象となり、不動産（分譲、仲介、注文住宅、リフォームなど）、金融（保険、住宅ローン、証券など）、自動車、旅行代理店、美容施術（脱毛、美容整形、エステなど）などは相性がいいです。

　「BtoB」と「BtoC」という乱暴なくくりは大きな意味を持たないため、戦略や戦術を語る際に使うべきではありません。

3つのターゲットユーザ分類軸で戦略を選ぶ

まずは「やらなくていいこと」を押さえる

　このChapterでは「BtoB」事業群を、戦略が変わる3つの軸で分類し、それぞれの「じつはやらなくていいこと」を解説します。まずは分類軸の種類だけ概要をご紹介します。

　1つ目の軸は、**ターゲット企業の数**です。ターゲット企業数が100社以下なら「個別接客戦略」を選択してください。この戦略では、やらなくていいことが多く、営業支援に注力します。ターゲット企業数が100社以上なら、2～3つ目の軸を確認します。

　2つ目の軸は、**新規顧客狙いか既存顧客狙い**かです。既存顧客リストを豊富に持っているならば、失敗リスクの低い「既存顧客発掘戦略」を選択します。どうしても顧客リストがないというなら、予算を獲得したうえで「新規顧客獲得戦略」を選びます。

　3つ目の軸は、**顧客の商品知識が豊富かどうか**で情報発信の方針が異なります。顧客の商品知識が少ないようなら「説得後ろ倒し戦略」で、入力フォーム直行とトライアル商品開発を進めます。逆に顧客の商品知識が多いようなら「説得前倒し戦略」で、連呼による純粋想起獲得と購買シグナル検知を進めます。

　いずれもターゲットが異なるため「やるべきこと」と「やらなくてもいいこと」が異なります。

　各戦略で実施すべき戦術はChapter4以降で具体的に解説します。む

図3-1 戦略の選び方

ターゲット企業数が100社以下 | ターゲット企業数が100社以上

しろこのChapterでは、各戦略において「やらなくていいことが何なのか?」を頭に刻み込むようにしてください。**戦略フェーズでやると定義したものを、戦術フェーズで覆すことはできません。**意味がない仕事に、膨大な時間とお金を浪費し続けることになってしまいます。

　BtoBとひとくくりにされた弊害で、タクシー広告、ホワイトペーパー、ウェビナー、ランディングページ、インサイドセールス、カスタマーサクセスなどの施策が独り歩きしています。経営者から「うちもタクシー広告をやらんのか?」などと言われた日には、戦略の違いを説明して一蹴してやりましょう。

　そして「そんなにタクシー広告がやりたいなら、BtoB SaaSでも始めてみてはどうでしょうか?　それでも売上の大半はエンタープライズなので、採用とIR目的ならどうぞ?」と返してみてはどうでしょうか?

1社1社営業する
「個別接客戦略」

ターゲット企業数が少ないなら
デジタルマーケティングは不要

　まず1つ目の分類基準は、ターゲット企業の数です。国内のターゲット企業が100社以下であれば、**「個別接客戦略」**を取るべきです。また1000社くらいターゲットがいても、単価が高いなどの理由で、営業が定期的にすべて回りきれている事業なら、同じくこの戦略を選択すべきです。

　「個別接客戦略」とは、**文字通り1社1社名指しで狙って営業する戦略**です。ターゲット企業リストを作り、さらに各企業内で意思決定にかかわる部署とキーパーソンを明らかにしていきます。大半のコミュニケーションは人海戦術になり、お客様の社内事情について解像度を極限まで高めてから提案につなげます。

　逆に言えば、**広いターゲットに向けたアプローチは一切不要**です。当然よくあるデジタルを使った「BtoBマーケティング」と呼ばれている施策は一切不要です。タクシー広告、ネット広告、大規模なウェビナー・展示会、インサイドセールス、SNSなど世の中でよく目立っている施策は、一瞥の価値すらありません。

　ターゲット企業の数が少ないBtoB事業の例としては、国内の自動車メーカー数社にのみ部品を納入する受注生産の製造業や、国内大手小売にのみ商品を卸す消費財メーカーなどです。

　大企業に直販するのは本社の仕事で、中小企業に直販または代理販売するのは関連会社の仕事という役割分担をしているグループ企業もありますが、この場合も本社の直販部隊に絞ればターゲット企業数が非常に

図3-2　ターゲット企業数で異なる戦略

ターゲット企業数が100社以下	ターゲット企業数が100社以上
優先 **個別接客戦略**	**群体接客戦略**
1社1社名指しで狙って営業する戦略 ターゲット企業リストを作り、さらに各企業内で意思決定にかかわる部署とキーパーソンを明らかにしていく 大半のコミュニケーションは人海戦術になり、お客様の社内事情について解像度を極限まで高めてから提案につなげる やらなくていいこと：広いターゲットに向けたアプローチ(例：タクシー広告、ネット広告、大規模なウェビナー、展示会、インサイドセールス、SNSなど)	ターゲット企業数が多いため、ターゲット企業「群」ごとに接客する戦略 最終的なクロージングは人海戦術になるものの、顧客リスト獲得から、ニーズ検知まで、可能な限りデジタルなどの非人的手段を用いて効率化する ※後述する戦略はすべてこちらに該当する。分岐した戦略で、やらなくていいことを提示する

少ないことになります。

　また、いわゆるBtoB SaaSの事業であっても、日本国内であればエンタープライズの売上が8割を占めるということも珍しくありません。思考停止でタクシー広告を出してしまう前に、自ら取るべき戦略を見極めなければなりません。

その商談相手は本当に「キーパーソン」か?

　立ち上げから数年経っている事業なら、ターゲット企業の担当者とはすでに顔見知りで、取引経験もあることがほとんどでしょう。新規に見知らぬ担当者のリードを獲得する必要性はなく、既存顧客との関係性強化に全力で集中していることかと思います。

　しかし疑ったほうがいいのは、営業担当が普段会っている顧客が、本当にキーパーソンなのかどうかです。製造業などでは、商品を購入する「調達部門」には会えているが、商品の要件を決める「技術部門」には会えていないことがよくあります。調達部門の人は、商品の価格や在庫を気に

するため、商品自体の魅力を訴求してもさほど興味を示してくれません。一方で技術部門の人は、最新の技術や製品にも関心があるため、調達部門がNOと言っても、技術部門が導入するケースがあります。**マーケティングチームは、こうした「隠れた意思決定者」に様々な手段を駆使して接触する仕事も担う**のです。

　さらに今営業担当が会えているターゲット企業の担当者が異動や転職したらどうなるでしょうか？　どれだけ飲み会とゴルフで接待漬けにしていたとしても、その関係値はゼロクリアされてしまいます。保険をかけてターゲット企業内にほかの顧客接点も作っておくべきでしょう。

　もし**ターゲット企業のキーパーソンと面識を作りたいなら、まずは「紹介」に頼るのがおすすめ**です。名指しで会いたい企業をリストアップできていれば、別事業の営業担当や、金融機関、営業顧問などに紹介を依頼できます。間違ってもマス広告やネット広告で集客するような愚かな施策に手を出してはいけません。東京都南部の御蔵島（みくらじま）に棲み着いているイルカ（名前もついている）を見るために、日本中の海に定点カメラをしかけるようなコメディになってしまいます。

　マス広告やネット広告をやるくらいなら、社長や担当部署に宛てた直筆の手紙のほうがよっぽど効率的です。少し遠回りですが、ターゲット企業のキーパーソンが好みそうなコンテンツを作って接点を持つのもいいでしょう。**ターゲットが明確なら、そのターゲットに最短で接触できる手段を選択すべき**です。

「個別接客戦略」でやるべきこと

　「個別接客戦略」の主な活動は、営業担当による日常的な定期訪問です。これだけ聞くとマーケティングというより、古くからある営業活動ですし、多くの企業がすでに実施しています。

　現状を見ると、営業担当は一人ひとりが人間ゆえに、定期訪問の品質には大きなばらつきが生じています。顧客をあっと言わせる提案を持って

いく営業担当もいれば、顧客と仲良く雑談している営業担当もいれば、ただ挨拶しているだけの営業担当もいれば、実際には行かずに道草を食っている営業担当もいます。価値ある提案をしている営業担当など、多くても10%以下でしょう。

　こうした状況では、どんなにレベルの低い営業担当でも、一定以上の価値を顧客に届けられるように、後方支援することに価値があります。言い換えると、**営業担当を「情報流通チャネル」と見なし、顧客に価値を届けることこそが、この戦略におけるBtoBマーケティングの目的**なのです。

　具体的な戦術は、まずChapter5の日常生活フェーズを参考にしてください。要点は、**営業担当に価値あるコンテンツを持たせて、定期訪問してもらう**ことです。

　営業担当はいつもネタに困っていますので、面白いコンテンツをプレゼントすれば喜びます。コンテンツを読んだお客様が喜び、次回訪問を期待してくれたり、さらに受注にまでつながったりすればなおよしです。

　この戦略のターゲット企業は、すべからくエンタープライズ企業です。1社受注できれば、莫大な売上につながります。極端な話、1社のためだけに、書籍のような分厚いホワイトペーパーや特設専用Webサイトを作ったとしても、受注にいたれば簡単に元が取れてしまいます。全力で顧客にとって価値あるサービスを追求すればいいのです。

　マーケティング担当は、できればコンテンツを作って終わりとせず、定期訪問に同行して自ら提案すべきです。もちろん毎回同行する必要はありません。新たに作ったコンテンツを説明するときに同行すれば十分です。「それはさすがに営業担当の仕事だろう?」と思われる方も多いでしょう。しかし営業担当は、あくまで「情報流通チャネル」です。お客様のところに定期的に通えるような間柄を作るには、それなりの工数がかかります。せっかく定期訪問の機会を作ってくれた営業担当に感謝し、受注につながる提案をするのは自分の役割だ、くらいに思っておくべきです。
　「個別接客戦略」におけるマーケターは、営業であり、コンサルタント

であり、**開発・生産エンジニア**です。折を見てお客様からヒアリングした内容をベースに刺さるコンテンツを作り、それをフックに課題解決方法を提案し、現実的な商品を開発・生産します。これほど多岐にわたるスキルセットを持ち合わせた人材は多くないでしょう。それゆえに、その貴重なリソースを毎回の定期訪問などに使ってはいけません。お客様と仲良くなる仕事は、営業担当に任せておけばいいのです。

　Chapter7の継続購入フェーズの戦術も参考になります。ここでのポイントは、定期訪問のタイミングを見逃さないために、シグナルを検知することです。お客様が商品を買いたくなるタイミングは突然、かつ一瞬です。そのタイミングにたまたま競合会社がプレゼンテーションをしてしまったら、先に受注を持っていかれてしまいます。

　毎日〜毎週訪問しているようなお客様なら、ニーズの変化を逐一捉えられますので、シグナル検知の必要性は低いかもしれません。しかしターゲット企業の中にも複数の担当者がいますし、訪問頻度を上げすぎると迷惑にもなります。

　そこでメール開封やWebサイト訪問などのデジタル上の顧客接点をシグナルとして、お客様のニーズ発生を検知できるようにします。「Webサイト見ましたよね?」などと言って訪問しては、気持ち悪がられてしまいますので、さりげなく定期訪問のアポイントメントを入れるのでもいいでしょう。

保有している顧客リストを狙う
「既存顧客発掘戦略」

創業10年を過ぎていれば
新規リードは少なくてもいい

　ターゲット企業が大企業だけにとどまらず、中堅〜中小企業にまで及ぶ事業の場合、対象となる企業数が多すぎるため、先述の個別接客が使えません。

　それでもBtoB事業を10年以上続けてきたような企業であれば、過去から蓄積された大量の名刺を保有しているため、すでに大半のターゲット企業に無料で連絡できます。こうした企業は**「既存顧客発掘戦略」**を選択すべきです。

　「既存顧客発掘戦略」とは、**文字通りすでに保有している顧客リストを狙う戦略**です。特に今も取引があるお客様を最優先に対応し、続いて過去に取引があったお客様、取引はないものの連絡先がわかるお客様を狙います。

　すでに接点が豊富なお客様は「信頼関係」が構築されているため、購買確率・単価ともに高い点が魅力です。さらにすでに顧客リストがあれば、追加コストなくいつでも無料で連絡できるため、コストパフォーマンスに優れています。

　言い換えれば、**新規顧客の獲得は最低限にとどめる戦略**です。個別接客戦略同様に、タクシー広告、ネット広告、記事SEOなどを過度に実施することは避けます。実施するにしても、既存顧客を狙った施策でなければなりません。もちろん転職や異動するお客様もいますから、新規リストの獲得・最新情報の更新は欠かせませんが、ここに注力してはなりません。

新規獲得を狙う戦略よりも失敗のリスクが低いため、もしどちらでも選べるとしたらこちらの戦略をおすすめします。

ここで言う既存顧客とは「企業の顧客」であって、「製品・サービスの顧客」ではありません。企業にある100種類の商品のうち、1種類でも商品を買っていれば既存顧客です。担当事業部や担当営業が違えば、顧客リストは共有していないという企業も多々ありますが、そうした企業は大切な資産をうまく使えていないと言えます。

創業10年以上経つ企業なら、この戦略を取れる可能性が十分あります。特に日本に古くからある製造業などは、まずこの戦略を選ぶべきです。

また**「新規事業」でも、歴史ある企業が始めたものであれば、この戦略を選ぶべき**です。その新規事業自体に既存顧客はいないでしょうが、企業としては大量の顧客リストを保有していますので、クロスセルを狙えます。「新規事業」担当者の多くは、なぜかベンチャー企業の経営者にでもなったつもりで、独力で新規リードを取ろうとしますが、これは本当に非効率です。大企業が「新規事業」で勝てる理由は、既存の財務・事業などの資産があるからです。これらの資産を使わずして、あえて難易度の高いゲームに挑むなど理解に苦しみます。

「既存顧客発掘戦略」でやるべきこと

「既存顧客発掘戦略」で最初に取り組むべき活動は、**既存顧客リストのデータ化**です。大量の名刺リストを保有しているとは言っても、それは各営業担当のデスクの中に紙として眠っているだけかもしれません。コロナ禍以降、こんなアナログな資産は減っていくのでしょうが、現時点においてこれらの紙をデータ化することは必要不可欠です。

また**リスト化したデータの整理・統合も不可欠**です。こうした名寄せが行なわれなければ、同じ人に何通も同じメールを送ってしまうことになりかねません。また営業担当者によるフラグ付けが行なわれなければ、クレーム対応中の顧客や商談中の顧客に対しても、無差別にメールを送ってしまいます。

図3-3　連絡できる既存顧客リストの有無で異なる戦略

連絡できる既存顧客リストが多い	連絡できる既存顧客リストが少ない
優先 **既存顧客発掘戦略**	**新規顧客獲得戦略**
過去から蓄積された大量の名刺を保有していれば、大半のターゲット企業に無料で連絡できる。顧客リストがあれば、追加コストなくいつでも無料で連絡できるため、コストパフォーマンスに優れている	既存顧客リストがないため、新規に名刺情報を集めなければならない。有料の展示会でリストを購入したり、コンテンツを作ってウェビナーやホワイトペーパーからリストを獲得したり、コストをかけて顧客リストを作る
やらなくていいこと：過度に新規顧客リストを集めること（例：過剰なタクシー広告・ネット広告など、コストの大きいプロモーション施策）	やらなくていいこと：特になし。費用対効果が合えば、何でも実施する

　クイックウィンは既存事業部に喜ばれる実績作りがゴールです。既存事業部側に迷惑をかけるようなメール施策はご法度です。一方で、営業担当者にとって顧客にフラグ付けする作業も面倒な仕事です。まずは失注リストだけもらうなどでもいいので、事業部にとってストレスの少ない進め方を提案してみましょう。

　顧客リストを作る際にもう1つ重要なのが、事業部間でのクロスセル許可を取ることです。同じお客様に対して、複数事業部の営業担当が別々に訪問しているなんてことはよくあります。今は1つの事業部だけでの取引でも、潜在的には他事業部の商品を買う可能性も十分あります。しかし従来の顧客リストは事業部単位で管理されていますので、クロスセルが行なわれません。営業担当からリストをもらう際に、他事業部の商品も紹介していいか、忘れずに許諾を得ておきましょう。

「新規顧客獲得戦略」でやるべきこと

　「既存顧客発掘戦略」ができない場合、「**新規顧客獲得戦略**」を選ぶしかありません。しかしこの場合も、**少しずつ顧客リストを蓄積していき、「既**

存顧客発掘戦略」に移行することが目標です。新規顧客に接触し続けるには膨大なコストがかかります。顧客リストという資産を積み上げることによって、費用対効果を高めていくのです。新規か既存かはゼロイチではないので、少しずつ既存顧客リストからの売上比率を高めていけばいいでしょう。

　そのため「新規顧客獲得戦略」では、つねに顧客リストの獲得を目指します。すぐには売上につながらない潜在ユーザのリストでも、将来顧客になりえるならどんどん集めていかなければなりません。

　ニーズが顕在化しているユーザの問い合わせなら、売上に直結するため費用対効果を証明しやすいですし、事業部側も歓迎してくれます。一方でニーズが潜在的なユーザの獲得は、短期での費用対効果が見えづらく、なかなかGOサインが出ません。それでも自然発生する顕在ユーザに対して場当たり的な対応だけをしているようでは、いつまで経っても売上規模が拡大しません。

　年間数千万円のコストを投じて潜在顧客のリストを集めてくる稟議を通すと、事業部の営業担当者にお願いして顧客リストをデータ化するのと、どちらのハードルが低いか今一度考えてみてください。

　定石から言えば、確実に「既存顧客発掘戦略」を選択すべきだと考えます。

お客様の商品知識に合わせた 「説得後ろ倒し戦略」「説得前倒し戦略」

お客様が詳しいか、そうでないか？

　もう1つ戦略を分ける軸が、お客様が商品知識を持ち合わせているかどうかです。お客様があまり商品に詳しくないケースや、カスタマイズ商品で仕様が事前に定まらないケースなどは、あえて商品の事前説明をしない**「説得後ろ倒し戦略」**を選択します。

　一方で、お客様が商品に詳しく、自分で選べる場合は、純粋想起の獲得が何より大切なため**「説得前倒し戦略」**を選択します。

　まず前提として、**最も説得力の強い顧客接点は「対面営業」**です。一定時間はお客様を拘束できますので、相手の反応を見ながら話を変えたり、感情に訴えたりすることもできます。

　それに対して、Webサイトやメールなど、デジタル上の顧客接点は、基本的に誰かを説得することができません。**デジタル上の顧客接点は、自分一人で扱う「セルフサービスチャネル」**のため、対面営業のように目の前の営業担当に遠慮することはなく、お客様は自らが見たいものしか見ないからです。検索エンジンからWebサイトに入って違和感があれば「戻るボタン」1つで離脱できますし、ウェビナーがつまらなければワンクリックで退出できます。

　Webサイトを改善することで、お客様の「態度変容」を起こすというような提案は妄想としか言いようがありません。デジタル上の顧客接点は、お客様が求めているものをストレートに提供することに向いていますが、こちらからお客様の求めていないものを強引に見せて説得することなど絶対にできないのです。

一方で、**デジタルはお客様と適度な距離感を保てる媒体**です。対面営業や架電のように相手の時間を拘束しませんので、情報発信の量や頻度が多くてもネガティブな反応を最小限に抑えられます。

　このような「人間」と「デジタル」の媒体特性を理解したうえで、説得の道筋を考えていくことになります。

お客様の商品知識が少ないなら 「説得後ろ倒し戦略」

　「説得後ろ倒し戦略」は、お客様が商品知識を持ち合わせていないため、Webサイトなど「セルフサービスチャネル」での説得を試みず、後工程の「人間」で説得する戦略です。

　こうしたビジネスの代表例は、ソフトウェア産業です。受託開発、パッケージ、SaaSなどの商品形態を問わず、顧客の大半はシステム開発に精通していません。さらに要件定義も曖昧です。顧客自身も何を達成するために、どのような要件が必要で、それらの優先度がどうあるべきかを言語化できずにいます。

　ソフトウェア産業同様に、コンサルティングなど労働集約ビジネスも、お客様が知識を持ち合わせていないケースが多いでしょう。

　ハードウェアは後述する商品知識が多いタイプのビジネスを多く含みますが、一部、開発のたびに要件が変わるような商材はお客様の商品知識が少ない傾向にあります。例えば、工場のラインに置く機械を受託開発するエンジニアであれば、工場で作りたいもの・やりたいことに合わせて、必要な部品の仕様が変わります。何かを計測したいと思ってセンサーを選ぶ場合も、測る対象も、測り方も毎回異なるため、エンジニアは都度勉強・選定を余儀なくされます。

　ただしこうした**商品知識の有無は、産業によってゼロイチで分類されるというよりは、顧客によっても異なるため、事業状況に応じて臨機応変にどちらの戦略を取るべきか判断が必要**です。

図3-4　顧客の商品知識量で異なる戦略

顧客の商品知識量が少ない	顧客の商品知識量が多い
優先 **説得後ろ倒し戦略**	**説得前倒し戦略**
お客様があまり商品に詳しくないケースや、カスタマイズ商品で仕様が事前に定まらないケースなどは、あえて商品の事前説明をしないほうがいい。商品説明は、対面営業が最も伝わりやすいため、事前説明だけで顧客を逃してしまうことを避ける	お客様が商品に詳しく、自分で選べる場合は、純粋想起の獲得が何より大切なため、商品の事前説明に注力する必要がある。メール、Webサイト、カタログ等を通じて事前に商品情報を届け、ニーズが顕在化した顧客を検知して営業する
やらなくていいこと：過度な商品情報の露出(Webサイトの商品ページを過剰に作り込むことなど)	やらなくていいこと：ニーズが顕在化していない顧客への過剰なインサイドセールス

　お客様が商品知識を持ち合わせていない場合、購入前から納得のいく意思決定をすることは困難でしょう。まず自分で調べてみて、次に営業担当から詳しく説明を聞き、最後に購入して使ってみてという過程で、徐々にその商品が自分に合っているのかどうかを理解していきます。

　情報収集の前段階にいるときほど誤った判断をしやすいため、**できる限り早く営業担当が接触し、できる限り早く商品を試してもらう**べきです。商品のよさを説得するのは後回しにして、どんどん商談を先に進めていくスタイルから「説得後ろ倒し戦略」と呼んでいます。

　まず自分で調べているフェーズの顧客に、Webサイトなどを通じて細かい説明を試みても、一人で調べている顧客は自分の見たいものしか見ないため、誤解に誤解を重ねるだけです。そもそもの課題設定を間違えているケースや、重要な比較軸を見逃しているケースなどは、正しい答えにたどりつきようがありません。

　営業担当からすれば、事前に商品のことをよく調べて、ニーズが顕在化しているお客様に会いたいと思うのは当然の心理です。しかしこのタイプの商材に限れば、そのスタンスは完全に間違っています。そんな悠長な

ことを言っているうちに、競合企業が懇切丁寧に自社製品を売り込んでしまえば、戦う前から負けが確定します。お客様の課題を一番よく解決できるのが自社製品だったとしても、購入前にそこまで伝えることは不可能です。

「説得後ろ倒し戦略」でやるべきこと

「説得後ろ倒し戦略」では、「入力フォーム直行」と「トライアル商品開発」が戦術の肝になります。

「**入力フォーム直行**」は、Webサイトなどでの説明は最低限に留め、全ページから問い合わせに誘導する戦術です。前述の通り、ユーザが一人で調べている段階では、どれほど懇切丁寧に情報を掲載したところで、こちらが想定するほどじっくり読んでくれませんし、勝手な誤解を重ねるだけです。それならば余計な情報公開に時間とお金をかけず、バッサリ切り捨てるべきです。

このタイプの商材では、Webサイトなど入口ページと問い合わせフォームだけあれば十分です。ユーザが料金を知りたいなら「料金表ダウンロード」というフォームを用意し、ユーザがテスト機を希望するなら「テスト機レンタル」というフォームを用意します。ユーザが期待する情報が、個人情報と引き換えに提供されるというシンプルな導線だけあれば十分です。

フォームに入力してくれたユーザに対しては、間髪入れずに営業がアプローチします。ただ「入力フォーム直行」から獲得したユーザのニーズは、まだまだ潜在的な段階でしょう。熟練の営業担当なら、こうしたアポイントメントからも契約を勝ち取れるかもしれませんが、大半の営業担当からは「質の低いアポ」と揶揄される恐れがあります。

そこで第二の矢である**「トライアル商品開発」戦術**を放ちます。読んで字のごとく、**安価で購入障壁の低いトライアル商品を開発し、これをフックにクロージングをかけます。**誰でも売れるくらい営業難易度の低い商品設計であれば、誰も文句を言わないはずです。ただし本来売りたい高額

商材が売れなくなったなどと言われないように、説明ロジックは用意しておきましょう。トライアル商品の開発が難しい場合は、ほかの廉価商品やサンプル品を用いる手もあります。

　前述の通りこのタイプの商材は、実際に使ってみなければ商品の価値がわかりません。実際に使ってもらい、価値を感じたタイミングで、本来販売したい商品をアップセルします。トライアルからアップセルへのストーリーは、事前に用意しておかなければなりません。

　商いというものは、まだ何も買ったことがない人に初めて売るよりも、すでに買ってくれている人に追加で何かを売るほうがはるかに簡単です。特に価値がわかりづらい商材において、トライアル商品を開発して初回購入障壁を下げるのは有効な戦術です。トライアル商品に対する反応がよければ、Webサイトなどから直接トライアル商品の問い合わせを獲得してもいいでしょう。そうすれば、営業担当の商談はさらに簡単になります。

お客様の商品知識が多いなら
「説得前倒し戦略」

　「説得前倒し戦略」は、お客様が商品知識を持ち合わせているため、「人間」の営業担当と会うより前に、セルフサービスで説得する必要のある戦略です。こうしたビジネスの代表例は、ハードウェア産業（製造業）です。

　お客様が商品に詳しく、自分で選べる場合は、網羅的な情報発信が求められます。お客様の頭の中に、求めている商品スペックが明確に存在するため、それをWebサイト上で確かめられる必要があります。お客様が望むなら、どんなにマニアックな技術情報でもWebサイトに掲載すべきです。

　一般的にこうした商材は、Webサイトよりも先にカタログが作られます。そしてカタログの情報を、そのままWebサイトに流し込んでいます。しかし顧客とのファーストコンタクトは、すでにカタログではなく、デジタルです。コンテンツ制作時も、カタログよりも先にデジタルを優先すべき時代になっ

ています。

　お客様は営業担当に会う前から、独力でどんどん意思決定するため、該当商材での純粋想起獲得が非常に重要です。純粋想起とは「○○という商品なら、XXという会社が有名・安心である」という認知です。この認知はお客様の思い込みや偏見によるものも多いのですが、意思決定に大きな影響を及ぼしています。

　このように**事前の純粋想起獲得と、網羅的な情報発信によって、お客様自らに商品を選んでいただく戦略を「説得前倒し戦略」**と呼んでいます。

　商品知識が豊富なお客様は、主にエンジニアです。例えば、製造業なら事前に決まった仕様に基づき、そのスペック通りの部品や素材を探します。新商品開発のケースもありますが、頻度が高いのは既存部品の在庫切れや生産中止によって代替品を探すケースです。代替品は品質テストのコストがかからないように、細かいスペックまで同じ仕様の商品を探します。

　商品を探す際は、まず現在使っている部品のメーカーから探し、それで見つからなければ次にその部品を作っていることを知っているメーカーを探し、それでも見つからなければ最後に部品名を検索してあまり聞いたことのないメーカーまで調べます。当然、途中で要件を満たす部品が見つかれば、情報収集は終了します。こうしたユーザ行動からも、純粋想起の獲得がいかに重要かがわかるでしょう。

　また購入直前になっても、エンジニアから営業担当に問い合わせることはほとんどありません。購買部や商社を通じて商品を探してもらい、在庫や価格を確認してもらうという流れが一般的です。意思決定に強い影響を持つエンジニアとの接点が、Webサイトとカタログくらいしかないという製造業も多いのが現状です。

「説得前倒し戦略」でやるべきこと

　「説得前倒し戦略」では、「連呼による純粋想起獲得」と「購買シグナルの検知」が戦術の肝になります。

　まず「連呼による純粋想起獲得」を解説します。純粋想起の獲得に一番有効なのは、革新的な商品を作ることですが、なかなかそんなにすばらしい商品は生まれません。次点として、該当の製品カテゴリに注力していることをアピールする「連呼」が有効です。メールマガジンでも、テレビCMでも、郵送物でも何でもいいのですが、該当商材の情報発信を滞りなく続けることで、商品開発・販売促進を怠っていないことが伝わり、純粋想起されやすくなります。

　次に「購買シグナルの検知」ですが、エンジニアが営業に問い合わせてこないなら、購買ニーズを逆探知して、こちらから営業しようという手法です。Webサイトで購入直前の人が閲覧しそうなページを作り、そこにアクセスしたユーザに「テスト機」や「サンプル品」を届けて商談につなげます。

Column

　本書の基本的な考え方は、グローバル展開する際にも問題なく活用できます。しかし国や地域によって、顧客の特性は異なり、売れる商品や訴求内容も異なります。販売を強化していくためにはローカライズが不可欠です。

　新規顧客獲得手法でいえば、日本ではSNSがそれほど機能しないのに対して、米国ではLinkedIn、中国ではWeChatが有効に機能します。

　商品の訴求方法も異なります。例えば「シンクライアント」という機器（ハードディスク装置を持たず、ファイルやソフトウェアを端末内に保存しないパソコン型機器）の場合、国ごとに刺さる訴求が異なりました。それぞれ日本ではコスト削減、欧州ではCO_2（二酸化炭素）削減、東南アジアでは（労働者が使っても）壊れにくい、というコピーを展開していました。

　国内の市場が伸び悩んできて駄目だから、海外に出ていけばうまくいくだろうと考えるのは短絡的です。どの国でやるにしても真面目に顧客を見て、地道にマーケティングを展開するほかありません。現地の顧客ニーズ、特有の環境や事情があり、強い競合がひしめいているのです。

　顧客のみならず、自社で働く従業員の特性も異なります。例えば、営業とマーケターの関係性は国によって異なります。

　日本は営業が強いため、マーケターとの間に軋轢が生まれやすくなります。マーケターがどれだけリードを獲得しようとも、営業側が気に入らなければリードは放置されます。

　一方、米国では営業とマーケターの役割分担が明確なため、営業はほかの領域に興味を持ちません。獲得したリードに表示されるMAのスコアを信じて営業活動に勤しみます。極端な例では、スコアがしきい値を上回ってから、48時間以内にコールしなければ、営業の評価が下がるといった現場も見たことがあります。

　現地での売上を最大化したいのならば、駐在員が骨を埋める覚悟で現地に赴くか、現地法人に委任するかして、現地の顧客や従業員を理解するしかないのです。

　しかしグローバル展開にあたって、すべての国と地域と言語まで隅々までリソースを投下することは不可能です。その国のリーダー企業でなければ、一流の人材を採用することもできません。

　どうしても売上の大きい国や地域に注力せざるをえなくなります。こうした主要エリアはできるだけ現地の方針に任せつつ、中央からは共有可能なコンテンツを充実させる程度の支援にとどめます。

　一方でリソースが不足するそのほかのエリアは、中央で管理せざるをえません。細かいローカライズは諦めて、中央主導で定型化されたマーケティング手法を浸透させていきます。完璧ではないにせよ、100点満点中60〜70点程度の施策にはなるでしょう。どうしてもその地域を攻略したいなら、言語が堪能で優秀な本社スタッフを送り込むほかありません。

「BtoB」という分類は大雑把すぎる。法人向けにビジネスを展開していれば、すべて「BtoB」と呼べるため、これは何も言っていないことに等しい

 ターゲット企業数が100社以下なら「個別接客戦略」を選択する。定期訪問する営業担当を「情報流通チャネル」と見なし、顧客に価値あるコンテンツを届ける。顧客を選ばない無差別な情報発信には、一切取り組まなくていい

 既存顧客リストを豊富に持っているならば、失敗リスクの低い「既存顧客発掘戦略」を選択する。コストをかけずに既存の顧客リストから商談を獲得する

 既存顧客リストを使えないなら、やむなく「新規顧客獲得戦略」を選ぶ。大きめのコストをかけた集客施策で、顧客リストを集めることから始める

 顧客の商品知識が少ないようなら、「説得後ろ倒し戦略」を選ぶ。商談前の商品説明は極力避け、営業担当によるクロージングに任せる

 顧客の商品知識が多いなら、やむなく「説得前倒し戦略」を選ぶ。商品情報を閲覧する顧客の行動からニーズを検知し、営業担当がクロージングをかける

Chapter 4

戦術の定石
トップ営業の生み出す「顧客体験」を再現する

ソリューション営業任せという
発想はマーケター失格

「リードの質」が悪いのか、
「営業の質」が悪いのか？

　このChapterからは、具体的な戦術の定石を解説していきます。本書の**戦術の定石とは、誰が営業しても「最後の一押し」だけで売れるように、トップ営業による顧客体験を再現すること**を指します。

　まずマーケターの心構えとして、営業担当に過度に期待すべきではないという話からスタートしましょう。

　どんなBtoB事業でも、「営業部門」と「リード獲得部門」が分業すると、すぐに喧嘩を始めます。Chapter2で紹介した組織の定石のようにワンチームであれば問題ありませんが（54ページ参照）、多くの企業においてこの2つの部門は、求められる職能の違いやKPIの違いから別部門になっていることがほとんどです。

　喧嘩が起こるのは、売上を増やしたいという共通の想いは持ちつつも、「リードの質」が悪いのか、「営業の質」が悪いのか、責任の所在をなすりつけ合うためです。

　営業部門は自らの「貴重な仕事時間」を、すぐ決まるアポイントメントや、確度の高い見込み顧客のフォローに使いたいと思っています。一方でリード獲得部門は、営業を「アポに行くロボット」だと思っているケースもあるので、アポ数を増やせば、比例して契約数も増えると思っています。

　こうした認識の差異から、リード獲得部門がリードを増やしても、営業部門はリードの質の低さにクレームを入れ、リード獲得部門は営業のキャパシティの低さを嘆くのです。

リード獲得部門からすれば、営業の言う「すぐ決まるリードだけ取ってくれ」というのは無理難題でしかありません。

　前述した通り、デジタル上のリード獲得手段は「セルフサービスチャネル」です（105ページ参照）。ユーザは誰に遠慮することもなく、一人で勝手に操作するため、興味があることしか見ませんし、少しでも違和感があればすぐに逃げられます。こうした媒体特性から、リード獲得の前にきちんと説得して、すぐ決まる状態まで温めるということは非常に困難です。

　リード獲得数を増やせば、その中に「すぐ決まるリード」も含まれますが、増やせる数には限度があります。すぐ決まるリード以外すべて捨ててしまうならば、費用対効果が合わない施策が多数出てきます。しまいには「お金のかかることは何もしない」という消極的なマーケティングチームが完成します。

　リード獲得部門の気持ちを代弁するならば、「せめてターゲット企業のリードなら、すぐ決まらないアポでも頑張ってくれ」と思うでしょう。さらに言えば「アポに行かないと、ターゲット企業かどうかもわからないのでは?」とも思うはずです。

「ソリューション営業力強化」という甘美な言葉

　こうした状況でよく話題にあがるのが、営業部門の「ソリューション営業」力強化です。

　「ソリューション営業」は「コンサルティング営業」などとも呼ばれ、平たく言えば「お客様の潜在的な課題を抽出・整理して、カスタマイズしたサービス・商品を提案する営業」を指します。もし「ソリューション営業」ができるならば、お客様のニーズがぼんやりしていても、契約につなげられます。

　そこでリードの質を高めることが難しく、捨てられるリードが多いならば、「ソリューション営業」ができる人材を増やせばいいという発想になるのです。

　しかし「ソリューション営業」という甘美な言葉に騙されてはいけません。

なぜなら真に「ソリューション営業」ができるような人材はほとんどいないからです。シーズン最下位だったプロ野球チームの監督が、再起をかけて「みんなで大谷翔平になろう！」と言い出したら、チームメンバーもファンも失笑してしまうでしょう。そんな**「ソリューション営業」任せの発想は、マーケター失格であり、経営の甘え**なのです。

「自分を商品にできる」「商品を作れる」のどちらかを満たせるか？

「ソリューション営業」という言葉は昔からありますし、その実践法を指南する本もたくさん出ています。それを自ら実践していると思っている人も大勢いるでしょう。もちろん厳密な定義はありませんし、レベルの差もグラデーションになっているため、どこからが「ソリューション営業」なのかを論じるつもりはありません。

しかしマーケティングが目指す「顧客視点で顧客に価値を提供する」というレベルに達している真のソリューション営業はほとんどいません。今売りたい商品を売り込んでいる時点で、顧客視点ではなくなります。「商品を売りたい」という気持ちを二の次にして、顧客の課題を解決できなければなりません。

言い換えれば、**真のソリューション営業とは、「自分を商品にできる」か「商品を作れる」かのどちらかの条件を満たしていなければなりません。**

まず**「自分を商品にできる」とは、商品がなくても純粋なコンサルティングだけで顧客に価値を提供できること**です。例えば、普段はSales Forceのような SFA（営業支援システム）を売り歩いている営業担当が、その SFA が売れなくても、営業体制構築コンサルティングだけでフィーをもらえるような状態です。ベンチャー企業の経営者が、「どのような営業マネジャーを採用すればいいか？　営業のKPIは何にすればいいか？　どのように育成プログラムを作ればいいか？」など営業の組織づくりから迷っている状況に対して、始めは都度無料でアドバイスしているうちに、SFA が売れる

図4-1 真のソリューション営業の要件とは？

自分を商品にできる	商品を作れる

商品がなくても純粋なコンサルティングだけで顧客に価値を提供できる。商品が売れたとしても、それを売った人が継続的にサポートしてくれるという価値が刺さって売れている	お客様の要望に合わせて新たな商品を生み出せる。自分の裁量で作れないケースは、開発・生産現場を巻き込み、現実的なスコープを定義する力が問われる

よりも先にコンサルティング契約を依頼されるようなイメージです。

　業務内容にもよりますが、例えば当社では月額100万円の案件なら一人で10社ほどデリバリーできるレベルが、コンサルタントとして独り立ちしているボーダーラインです。

　コンサルティングフィーを請求せず、見返りとして高額な商品を購入いただくケースも含んでいいでしょう。ただし、それは商品ではなく、それを売った人が継続的にサポートしてくれるという価値が刺さって売れているのです。

　次に**「商品を作れる」とは、お客様の要望に合わせて新たな商品を生み出せること**です。

　自分の裁量で作れないケースは、開発・生産現場を巻き込み、現実的なスコープ（範囲）を定義する力が問われます。例えばエンジニアと調整して要件定義を進めたり、工場と調整して生産量や納期をすり合わせたりする能力です。

　ゼロから研究開発して、イノベーティブな商品を生み出す能力まではなくてもいいでしょう。しかし既存商品という枠に囚われずに、自ら企画・開発したり、他社の商品を組み合わせて提供したり、柔軟に課題解決の手段を考えられることが大前提です。

「ソリューション営業」を
実践できる人は5％以下

　ここまでお伝えすると、胸を張って「ソリューション営業」ができると言える人は少ないのではないでしょうか？　私はご支援のたびに営業責任者にヒアリングしていますが、ここまでのレベルで営業できる人は、各チームに1〜2名程度、割合にして5％以下という水準でした。これは大手食品メーカー、大手BtoB SaaS企業、大手製造業など幅広い業種でも同じ状況です。

　世で言われている「ソリューション営業」はどうしてもテクニックに傾倒しがちです。とりあえず「ヒアリング」しておけばソリューション営業だと思っている人すらいます。決められた項目をひたすらヒアリングするが、それらを商談に一切使うことはなく、あらかじめ収録した動画と大差ない商品説明をするような営業は、ソリューション営業ではありません。

　上記に加えて3パターンほどの営業トークと、5種類ほどの事例を使い分ける営業スタイルも、残念ながら私の考えるソリューション営業ではありません。クロージング率は多少改善するでしょうが、それは真に「お客様の課題を解決する仕事」ではないのです。

　厳しい現実を突きつけるようですが、ソリューション営業は誰もができる芸当ではありません。

　営業でトップに近い成績を収めた人が書いた本を読んで、表層上のテクニックを真似たとしても、何の再現性もないでしょう。彼らトップ営業は、「自分を商品にできる」か「商品を作れる」かのいずれかです。小手先のテクニックをいくら真似ても、「ソリューション営業」には近づきません。もちろんクロージング率をわずかに改善したいだけなら、各種テクニックも役には立つとは思います。

　ソリューション営業を目指すのであれば、まず営業後のサービス・商品を自ら生み出し、提供する経験が不可欠です。純粋なコンサルティングをデリバリーするか、開発・工場とかけ合って新商品を開発・生産するか、そ

うした経験なしにソリューション営業にはなれません。

　「商品開発」と「営業」は両輪です。商品を作っても売れなければ意味がないですし、売れても納品できなければ意味がありません。一人の人間が、両方の人格を交互に切り替えながら、さらに顧客視点まで持って仕事に臨まなければならないのです。

　上記を「営業部門」の範疇（はんちゅう）だけで行なうのはたいへんですし、「商品開発部門」の範疇だけで行なうのもたいへんです。組織の垣根を超えて、大勢の人間を巻き込んで、お客様のために価値を提供する姿勢が求められます。

　こんな面倒な仕事に顔を突っ込んでも、給料はそんなに増えないでしょう？　それでもソリューション営業を突き詰めたいなどという、風変わりで熱量にあふれた人は、社内に5％もいなくて当然です。

「営業」対「リード」を解決するのが「戦術の定石」

　真のソリューション営業人材を増やすことはきわめて困難です。潜在顧客のリードをたくさん獲得できたとしても、ソリューション営業の人員を増やしてさばくことはできません。

　もちろん企業の売上を10倍に増やし、人材の給与を2倍にでもできれば、優秀な人が集まってソリューション営業の部隊を作れるかもしれません。しかし少なくとも一朝一夕にできることではありません。

　さらにソリューション営業は、1顧客当たりにかける時間が長くなります。お客様の要望を深くヒアリングし、新たな解決策・製品を生み出し、導入も個別最適化していくので、当然時間がかかります。金太郎飴のような均一なトークで同じ商品を売りさばく営業に比べれば、顧客とのアポイントメント回数も作成資料枚数も社内調整会議数も大幅に増えるでしょう。

　ここまで手間をかけるならば、事前に見込みの高いお客様を選び抜く必要が出てきます。誰彼構わずソリューション営業をしていては、時間がい

くらあっても足りないのです。

　こうなるとマーケティング施策の課題であった「大量のリードをさばくこと」を、ソリューション営業に期待すること自体が的はずれだとわかります。もし**ソリューション営業ができる人材がいるならば、むしろアポイントメント数を減らし、選び抜かれた顧客の対応をしてもらうべき**です。

　ここまでお伝えした制約条件を整理します。顕在的なニーズを持ったリードを増やすことはできません。簡単に増やせるのは潜在的なニーズのリードだけです。

　しかし潜在的なニーズからでも商談できる「ソリューション営業」の人員を増やすことはできません。もしソリューション営業がいても、対応できる顧客数は少ないため、大量のリードをさばくことはできません。

　このままでは「営業」対「リード」の争いは、いつまでも平行線のままです。

　これを解決するのが「戦術の定石」です。本書の「戦術の定石」とは、誰が営業しても「最後の一押し」だけで売れるように、トップ営業による顧客体験を再現することを指します。

　営業人材のレベルを上げることが難しければ、アポイントメントの難易

図4-2　リード獲得と営業の対立構造

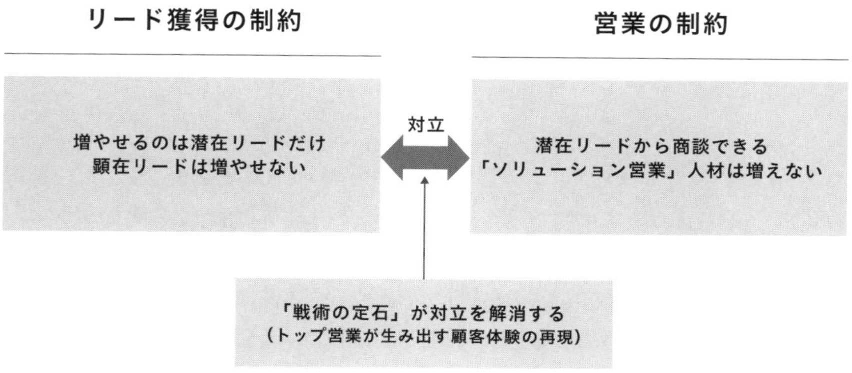

リード獲得の制約		営業の制約
増やせるのは潜在リードだけ 顕在リードは増やせない	対立	潜在リードから商談できる 「ソリューション営業」人材は増えない

「戦術の定石」が対立を解消する
（トップ営業が生み出す顧客体験の再現）

度を下げるしかありません。トップ営業が人力で作り上げる顧客体験を、デジタルなど別の手段で再現していくのです。

　そのためにはまず、トップ営業が生み出す顧客体験がどのようなものかひもとく必要があります。次ページから解説していきましょう。

「トップ営業の顧客リスト管理」 を再現する

業種は違っても トップ営業に共通している考え方

　トップ営業と呼ばれる人に、営業の極意を聞くと業種を問わずいくつかの共通点があります。証券会社で伝説になっているトップ営業、戦略コンサルティングファームのパートナー、製薬メーカーの営業本部長など、業種による細かな差異はあれども、基本的な考え方は同じところに行き着くようです。

　いずれも短期売上ではなく、LTV（Life Time Value：顧客生涯価値）最大化を目指し、顧客視点での価値提供を徹底しています。

　LTV最大化の前提条件として、トップ営業は「誰と付き合うか？」を非常に大切にします。言い換えれば、**見込みの薄い「顧客リスト」をどんどん捨てることで、大切な顧客に使える時間を捻出**しています。決まる見込みのない顧客をリストに残し続け、営業日報で「そろそろ連絡がくるかもしれません……、決まれば大きな案件なので……」と自信なさげに記入するのは三流の仕事です。

　あるトップ営業は「捨てるのは怖いが、捨てれば自然と新しい物が入ってくる。息を吐けば、自然に息を吸うのと同じ」と言っていました。これだけ聞くとスピリチュアルな印象を受けますが、顧客リストの精査により、「たくさん見込みがある」という錯覚を防げれば、新たに顧客リストを増やす活動に時間を配分できるという意味だと私は理解しています。

　顧客を取捨選択するという思想は、トップ営業が顧客を「対等」だと認

識していることに由来します。

　ビジネスですから、営業と顧客は、つねに対等な関係性でなければなりません。特にソリューション営業は、自分そのものを商品にするという働き方です。決して安売りしてはなりません。彼らがわずかに思考する時間にも、1回1回のアポイントメントにも大きな価値があるのです。

　不必要にへりくだった態度を取る必要は一切ありません。また「今から来られる？」と聞かれてホイホイ行ってはなりません。何なら相手の本気度を確かめるために、朝7時や夜20時のアポイントメントを打診するくらいでもいいでしょう。

　このような**トップ営業の振る舞いを、通常の営業担当でも再現できるように、マーケティングの仕組みを整備**します。

トップ営業の振る舞いを
再現できる仕組みを作る

　リード獲得に携わってきた人なら、営業にリードを渡したものの放置されてしまった経験が一度はあるでしょう。営業からすれば、今追っている顧客リストだけでも忙しいのに、海のものとも山のものともわからないリードを大量に渡されれば、鬱陶しく感じるのは自明の理です。

　そこでまず必要な活動が、**トップ営業と同じように「顧客リスト」を捨てさせるルール作り**です。前述の通り顧客リストがたくさんあると錯覚している営業は、新しい顧客リストを受け入れてくれません。

　最終的にその顧客を追い続けるかどうかは、営業個人の判断に委ねざるをえません。しかし**「追っていない」顧客リストなら、捨てさせるルールを作れる**でしょう。一定期間連絡していないか進捗していない顧客は、営業個人のアタックリストから除外し、マーケティングチームからも連絡できるようにするといったルールを適用している会社もあります。

　顧客リストをマーケティングチームに渡せば、メールなどで継続的に連絡できますので、数年後にニーズを検知して営業担当に戻すこともできます。営業個人が顧客リストを捨てることは、会社全体で顧客リストを有効活用

することにもつながるのです。

　次に必要な活動は、**営業が欲しい「顧客リスト」の品質をすり合わせる**ことです。トップ営業は「誰と付き合うか?」を大切にします。この「誰」の認識を営業チームとすり合わせていなければ、マーケティング活動は邪魔者扱いされるだけです。

　リードを獲得する前には、必ず営業チームと対話の時間を設けます。「ターゲット企業の規模は?　役職は?　検討段階は?」など細かく要望を聞きつくします。しかし一度聞いたくらいで、営業の真意は汲み取りきれません。要望通りのリードを渡しているのに、一度も連絡せずに放置されてしまうこともあります。営業という生き物は「野生の勘」のような言語化できていない理由から、リードの良し悪しを勝手に判断します。**何度も粘り強く会議を重ね、なぜこのリードが良くて、このリードが悪いのか、品質の判断基準をすり合わせていく作業が欠かせません。**

　品質を定義したあとも、定期的な認識のすり合わせが欠かせません。例えば、今月は繁忙期なので新しいリードはほとんどいらないが、来月は閑散期なのでたくさんリードが欲しいといったワガママも日常茶飯事です。先々の予定を見据えて、リード品質の定義を変更し、予算配分や実行施策を調整していく必要があるのです。少なくとも月に1回はマーケティングチームと営業チームが顔を合わせる会議体を設定すべきです。

　最後に必要な活動は、**顧客リストの「品質情報」を取得する**ことです。品質情報とは、リードの良し悪しを判断する根拠や基準になる情報のことです。マーケティングチームの仕事は、大量の顧客リストを集めるだけでは終わらず、営業が会いたいと思える「品質情報」を集めることまでを含むのです。

営業が会いたいと思える
「品質情報」を集めるには？

「品質情報」の取得手段は多岐にわたります。

最も顧客の解像度を高められる手段は、いわゆる「インサイドセールス」による架電や個別メールによるヒアリングです。人間が臨機応変に対応するため、取得できる情報量は多いものの、対応できる数には限りがあります。さらに顧客に電話対応やメール返信の手間をかけさせるため、相手のニーズが潜在的な状態ならネガティブな反応を伴うでしょう。

次に顧客情報を多く取得できるのは「入力フォーム」です。資料請求フォームや、アンケートフォームなどで、顧客に品質情報の入力を依頼します。インサイドセールス同様に品質情報を多く取得できますが、すべての顧客が回答してくれるわけではありません。

上述の2つは、ニーズが顕在化した顧客の一部を見つけることには有効ですが、大量リストの状態を把握し続けることには向きません。

そこで用いられるのが**顧客行動からシグナルを検知する手法**です。メ

図4-3 営業が会いたいと思える「品質情報」を集める3つの手段

インサイドセールス	入力フォーム	顧客行動シグナル

人間による架電や個別メールによるヒアリングで見極める	資料請求やアンケートフォームで、顧客に情報の入力を依頼する	リンクのクリックや閲覧時間など、顧客行動からシグナルを検知する
・顧客解像度：高 ・対象顧客数：少 ・ネガティブ反応：あり	・顧客解像度：中 ・対象顧客数：中 ・ネガティブ反応：なし	・顧客解像度：低 ・対象顧客数：大 ・ネガティブ反応：なし

ール内のリンクをクリックした、サイト内の特定ページを見た、などの顧客行動からシグナルを検知して「品質情報」として扱います。

　顧客側には何も依頼することなく、自然に行動した結果だけから品質情報が得られるため、大量リストの状態把握に最適です。

　しかしこの手法は、営業に嫌われやすいため注意が必要です。「この顧客はサイト内で10ページ見たので品質が高いです」「この顧客は頻繁にアクセスしていて顧客品質スコアが95点です」などと言われても、営業からすれば納得感がありません。**単なる顧客行動だけでは「なぜ?」そのように行動したかがわからないため、営業担当の琴線に触れない**のです。

　この問題は、顧客調査によって顧客行動の意味を理解することで解決します。例えば、購入を検討しているユーザは、まず「サンプル品」の有無を確認するという行動がわかれば、「サンプル品はこちら」というリンクを設置し、それをシグナルとして活用します。顧客調査の実施方法については、Chapter7で詳細に解説します。

「トップ営業が顧客に愛される理由」を再現する

構えの広さを顧客に見せるために必要な「コンテンツ」

　トップ営業はLTV最大化のため、売上につながる話はほとんどせず、あえて「無駄」と「本音」で顧客に愛されることにフォーカスします。

　普通の営業担当なら、いざ顧客を目の前にすると、自社商品を売り込みたくなりますし、契約へのステップを前に進めたくなるものでしょう。しかしその気持ちを抑えて、あえて遠回りをするのです。

　顧客の欲しい商品が明確で、それを売るだけならいきなり商売の話をしても問題ありません。しかし、顧客のニーズが潜在的だったり、ほかの商品を求めていたりするならば、いきなり商品の話をされてもうんざりしてしまいます。

　欲しい商品が明確なケースですら、その商品の話しかしなければ、それっきりの付き合いになってしまいます。**幅広い課題を解決できるし、雑談だけでも面白いという、構えの広さがLTV最大化につながる**のです。

　構えの広さを顧客に見せるために必要なコンテンツが「無駄」と「本音」の2つです。

無駄とは商売の話からは遠い価値提供活動全般のこと

　1つ目の**「無駄」は、一見すると商売の話からは遠い、顧客への価値提供活動全般を指します。**すぐに何かを売り込まなくても、顧客から信頼され、愛されれば、あとからいくらでも商売の話は降ってきます。「急がば

回れ」の精神です。

　例えば、**自社商品では解決できない課題を聞き、自分で必死に調べて回答することは、信頼につながる「無駄」**です。広告代理店の営業担当が、お客様から「おすすめのEFOツールは何か？」と聞かれたとします。もしその営業担当が、EFOツール（Entry Form Optimization：入力フォーム最適化ツール）について何も知らなかったとしましょう。それでも、会社に帰ってからWebで検索して必死に情報収集し、3社ほど問い合わせて各社の特徴を聞き、次のアポイントメントで手作りの比較表を持っていけばたいへん喜ばれるでしょう。このとき獲得した知見は、別のお客様に同じことを聞かれたときにも使える資産になります。

　ほかにも、長く付き合いのある顧客が病気で入院したとき、心を込めた手書きの手紙を送ることは、人間関係を深める「無駄」です。年賀状を毎年くれる営業担当はいても、入院しているときに手紙をくれる営業担当はほとんどいません。落ち込んでいるときに届く「心を込めた手紙」は一生忘れない思い出になるでしょう。

　顧客の気持ちを察して、普通の営業なら絶対踏み込まないようなレベルで価値を提供する活動が信頼につながるのです。

本音とはマイナスにもなりえることを
正直に話すこと

　2つ目の**「本音」は、一見すると自分の商売のマイナスにもなりえることを正直に話すこと**です。自社にだけ都合のいいポジショントークはたやすく見抜かれるものです。本音を語れば顧客は笑顔になります。短期的に情報を隠して売り込むよりも、長期の信頼のほうが尊いという考え方です。

　例えば、広告代理店の営業担当が、お客様から「御社の競合にあたる広告代理店に今はお願いしているのだけれど、運用が雑な気がしていてちょっと見てくれませんか？」と相談されたとします。その競合代理店が作っているレポートを見て、たしかに問題はあるものの、おおむね真面目に

図4-4　顧客の信頼を勝ち取るコンテンツの特徴

無駄	本音
商売の話からは遠い 価値提供活動全般	マイナスにもなりえることを 正直に話す
一見すると商売の話からは遠い、顧客への価値提供活動全般を指す。すぐに何かを売り込まなくても、顧客から信頼され、愛されれば、あとからいくらでも商売の話は降ってくる	一見すると自分の商売のマイナスにもなりえることを正直に話すことを指す。自社にだけ都合のいいポジショントークはたやすく見抜かれるもの。短期的に情報を隠して売り込むよりも、長期の信頼のほうが尊い

運用されていたとしましょう。

　普通なら競合の悪い点を次々にあげつらって、自社に乗り換えてもらいたいところです。しかしここで言う「本音」とは、「真面目に運用されていていい代理店さんだと思います。この設定だけ追加すればさらによくなりますが、わざわざ代理店を変えるほどではありませんよ」とお客様に伝えてあげることを指します。

　何ならどのあたりに不安を感じているか聞いたうえで、競合代理店とのコミュニケーションのコツを教えてあげるくらいの度量の深さがあれば完璧です。**深い信頼さえ獲得していれば、いつか必ず大きな仕事につながります。**

トップ営業の「無駄」と「本音」を コンテンツ化して信頼を獲得する

　このようなトップ営業の「無駄」と「本音」を通常の営業担当でも再現できるように、マーケティングチームは「コンテンツ」を作って配ることができます。

　コンテンツの発信方法は、ホワイトペーパーでも、ブログ記事でも、ウェ

ビナーでも、何でも構いません。**顧客にとって価値ある情報を作って公開すれば、その企業自体の信頼が高まります。**

　営業担当もこれらのコンテンツを使って商談すれば、信頼獲得のハードルが下がります。営業担当の商談も、この「コンテンツ」を顧客に届ける発信方法の1つなのです。

　私が本書を書いた目的も、まさにこの「無駄」と「本音」のコンテンツ化による信頼獲得です。

　この本が売れたところで、短期的・直接的には事業と比べるとたいした売上にはなりません。しかも苦労して開発したノウハウをもれなく公開していますので、真似したい競合企業がいれば簡単に参入できてしまうでしょう。

　また「本音」を包み隠さず書いているため、自社のビジネスを毀損（きそん）している部分もあります。例えば戦略を説明したChapter3で「デジタルを使わなくていい企業がある」などと書いていますが、これはデジタルマーケティングを支援する当社にとっては、何の得もありません。

　それでもこの本を出版するのは、信頼獲得が何よりも尊いと考えているからです。この本に共感してくれた人がいたならば、うちの商品をすぐに買わなくても、ほかの人に紹介してくれたり、転職してから買ってくれたり、中長期では必ずいい結果になって返ってくるのです。

「価値あるコンテンツ」を作るうえで必要なもの

　「本音」のコンテンツを作るのは意外に簡単です。**自社にとって不利にもなるが、顧客の知りたがっている情報**を探せば、いくつか思い当たるものがあるはずです。自社製品の弱み、業界全体が抱える課題などをさらけ出せばいいのです。

　「本音」のコンテンツは、社内で許可を得るほうが困難です。広報・IR担当、採用担当、経営者など社内には抵抗する勢力が多数存在するはずです。しかし、どの勢力にとっても長期で見れば「本音」の情報発信は

ファン獲得につながります。**社内への面倒な説得は不可欠ですが、得られる信頼の大きさは計り知れません。**

「無駄」のコンテンツを作るためには、それ相応のコミットメントが求められます。

まず商売にはすぐつながらないコンテンツであることが大前提のため、短期の費用対効果を求められるようでは困ります。**長期的なリターンを期待して、大きな投資を意思決定しなければなりません。**数年後に購買顧客へのアンケートなどで費用対効果を証明するまでは、どっしり構えて取り組みを続けなければなりません。

次にターゲット顧客にとって、真に価値のあるコンテンツでなければなりません。ブログ記事1つを読んだだけで、心を揺さぶられるほどの感銘を受け、会ったこともない会社なのに信頼を抱き、後日営業担当に会ったならば思わず**「ファンです！」と言わせてしまうほどのコンテンツ**でなければなりません。それほど面白いコンテンツになるまで作り込まなければなりません。

しかし残念なことに、世の中には中途半端で面白くないコンテンツがあふれています。当たり障りない編集方針でスタンスを取らず、ほかでも聞いたことがあるような内容を寄せ集めただけの薄い記事は、百害あって一利なしです。作るのはそれなりにたいへんでしょうが、誰の目にも止まりません。

価値あるコンテンツを作るための近道は、トップ営業に相談することです。普段使っているトーク、気になっている仮説、顧客が求めている情報などを聞き出せれば、あとはお金と時間を気にせずコンテンツを作るだけです。トップ営業に相談することがかなわない場合は、後述する顧客調査によってニーズを把握してもいいでしょう。

例えば、私も普段お客様に話して反応がいい事例をもとに、少しでも面白いコンテンツを作ろうとしています。当社のWebサイトには研究レポー

トとして、「Webサイトをリニューアルすると成果が落ちる」「メール送りすぎ？という遠慮は不要である」「アクセス解析ツールで使う機能は10個だけ」のような挑戦的なテーマを、事実データとともに公開しています。（参考URL：https://wacul.co.jp/lab/report/）

　マーケターに求められるスキルに企画力と文章力を挙げることがあります。基本的な運用体制が確立されたあと、マーケターの主業務はひたすらコンテンツを作り続けることになるからです。

「トップ営業の巧みな障壁設計」を再現する

購入障壁の低いところから
商品ラインナップを用意する

トップ営業は、顧客から商談で宿題をもらって次回のアポイントメントにつなげ、それを繰り返し打ち返すことで商談を前に進めます。キャッチボールのような顧客とのコミュニケーションによって、少しずつ購入障壁を超えていきます。

商談前は相手を念入りに調べ、商談中は的確な質問を繰り返し、商談終わりには宿題をもらい、商談後に自分で回答を用意し、次のアポイントメントに備えます。これを何度も繰り返して、商品を顧客にカスタマイズしていきます。

逆に、売れない営業担当ほど、1回の商談で勝負を決めようとします。冒頭でヒアリングの真似事だけして、あとは顧客の状況を踏まえず商品を紹介して決まるかどうかの賭けに出ます。ニーズが顕在化している顧客でもなければ、失注まっしぐらです。

毎回の商談で、どこまで進んで、どのような宿題をもらうかという障壁設計の上手さは、トップ営業が持つ典型的なスキルの1つです。「宿題」は次のアポイントメントが取れるのならば、お客様が知りたいことに対して、自分も知らない領域の調べ物でも、その道の専門家の紹介でも、ひとまず何でも構いません。**顧客がもう一度会いたいと思えるような約束を取り付ければひとまずは勝ち**と言えます。この「宿題」提出を重ねるうちに、少しずつ購入の障壁を超えていきます。

自社商品を売り込んでいる商談中の「宿題」は、主に商品内容に関する相談になるでしょう。つまりは、**既存商品だけでは解決できない顧客の要望をどのように満たすかを考えて、再提案し続けることが求められます。**

　これはソリューション営業の「自分を商品にできる」か「商品を作れる」というスキルセットが求められる局面です。しかし前述の通り、このスキルをすべての営業担当に強いるのはきわめて困難です。

　そこで**マーケティングチームは、段階的な商品ラインナップをあらかじめ用意することによって、どんな営業担当でも少しずつ購入障壁を越えられるようにします。**例えば、まずは安価で短期的に利用できる「お試し商品」を販売します。次にお試し商品で成功を収めるまでの「サポートを無料で提供」します。お試し商品に慣れたら、長く使うなら「割安の定期購入商品」をすすめます。最後に、「付加価値の大きい高単価商材」をアップセルします。

　このような段階的商品とアップセルのストーリーを、マーケティングチーム主導で開発するのです。

商談が始まる前に 「障壁設計」を意識する

　障壁設計は、商談が始まる前でも意識したい考え方です。商談前のインサイドセールス、Webサイトでのお問い合わせ、ウェビナーでのアンケートなど、それぞれの顧客接点でどこまで商談を進めて、何を宿題にもらうかという設計は、一貫したカスタマージャーニーで捉えなければなりません。

　営業リソースが豊富にあるなら、障壁は後ろに設けるのがいいでしょう。一方で営業リソースが枯渇しているなら、障壁はインサイドセールスよりも手前に設けなければなりません。市場環境や季節性によっても、障壁を柔軟にコントロールすべきです。

　この障壁設計は、成果にも非常に大きなインパクトがあります。例えばランディングページ（＝Webサイトの入口ページ）のCVR（Conversion Rate：コ

図4-5 簡単に超えられる障壁をあらかじめ設計しておく

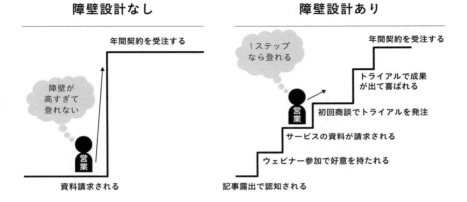

ンバージョン率）を上げたいなら、CV障壁を下げるのが一番です。フォームに誘導するCVのボタン文言を変えるだけでCVRは2 ～ 10倍も動きます。

　逆に、ランディングページの「訴求内容」「デザイン」「フォーム以外へのリンク」などを変更しても、CVRはほとんど動きません。最大でも1.2倍伸びる程度のインパクトであり、大半の修正は横ばいに終わります。

　障壁設計を変更するには、組織をまたぐ社内調整が必要なことがほとんどでしょう。しかしその面倒さに耐えてでも、十分な見返りが得られる重要な改善点なのです。

戦術を3つのフェーズに分けて組み立てる

　ここまではトップ営業が生み出す顧客体験を、誰でも再現できるようにするための方針を解説してきました。次のChapterからは、この方針を具体的な施策に落とし込んでいきます。

　購買にいたるお客様のフェーズを「日常生活フェーズ」「初回購入フェーズ」「継続購入フェーズ」の3つに分け、それぞれのフェーズで有効な具体施策を解説していきます。

日常生活フェーズ

　Chapter5の「日常生活フェーズ」は、顧客のニーズが潜在的なフェーズです。課題は発生しておらず、すぐ商品を買ってくれる可能性は低いという状態です。

　前述した商売と関係ない「無駄」と「本音」のコンテンツであれば、興味を持ってくれます。

　営業が対面する前から、信頼を積み重ねることで、商談化率やクロージング率の底上げを狙います。

初回購入フェーズ

　Chapter6の「初回購入フェーズ」は、顧客との取引を開始するフェーズです。初回の契約はもちろん、しばらく取引がなかった顧客との再取引スタートもこのフェーズに入ります。

　見込みの薄い顧客リストをどんどん捨てることと、段階的な障壁設計で契約を獲得することが求められます。

継続購入フェーズ

　Chapter7の「継続購入フェーズ」は、取引中の顧客にサービスを提供するフェーズです。定着率の向上と、アップセル強化が求められます。

　このフェーズは、段階的な障壁設計の延長線上にあると言えます。顧客理解を深め、LTVを高めるトリガーを検知できるようにします。

　次のChapterから、それぞれについて解説していきます。

Chapter 4 まとめ

 顕在的なニーズを持ったリードを増やすことはできない。簡単に増やせるのは潜在的なニーズのリードだけである

 潜在的なニーズからでも商談できる「ソリューション営業」人員を増やすことはできない。真のソリューション営業とは「自分を商品にできる」「商品を作れる」のどちらかを満たす必要がある

 営業人材のレベルを上げることが難しければ、アポイントメントの難易度を下げるしかない。そのためにトップ営業による顧客体験を再現する

 トップ営業にならい、営業担当が顧客リストをどんどん捨てられるルールを整備し、重点顧客に集中する時間を捻出する。すぐ決まらない顧客リストはマーケチームに戻す

 トップ営業の「無駄」と「本音」をコンテンツ化し、誰でも顧客の信頼を獲得できるようにアシストする。「無駄」とは商売の話からは遠い価値提供活動全般を指し、「本音」とは自社のマイナスにもなりえることを正直に話すことを指す

 トップ営業が少しずつ購入障壁を超えるコミュニケーション術を、障壁の低いCVポイントや障壁の低い商品ラインナップを用意しておくことで代替する

 Chapter5から、購買にいたるお客様のフェーズを「日常生活フェーズ」「初回購入フェーズ」「継続購入フェーズ」の3つに分け、有効な具体施策を解説する

Chapter 5

日常生活フェーズ

「信頼」と「純粋想起」を獲得する

約50%の人は
営業と会う前に購入を決める

「BtoBは合理的に選ばれる」は
思い込み

　多くのBtoB商材において、購買プロセスの半分以上は営業担当者が訪問する前に終わっています。これはまさにこのChapterで解説する「日常生活フェーズ」に向けた活動で、約半数が意思決定しているということです。

　みなさんも最近仕事で購入（導入）したものをどのように探したか思い返して見てください。ゼロからWebで探して、比較表を作って、コンペをして選定するというプロセスを踏んだ商品がどのくらいあるでしょうか?

　知り合いに紹介されたり、もともと知っている企業に問い合わせたりして、比較もせずに決めたりしているのではないでしょうか?　おそらく驚くほど非合理的かつ比較せずに意思決定しているはずです。「BtoBは合理的に選ばれるもの」だと思い込んでいる人も多いのですが、人間が選んでいる以上、そんなことは決してないのです。

　何かを全力で調べて比較するのは途方もなく面倒な作業です。人間は仕事であろうと趣味であろうと、できる限り楽をしたい、脳を使いたくないという生き物なのです。

　日常生活フェーズに、何となくよさそうだと刷り込まれた企業名・商品名があれば、思考せずに飛びついてしまいます。

ゴール①「信頼」の獲得
——「本音」「無駄」を情報発信し続ける

「日常生活フェーズ」のゴールは、まず「信頼」の獲得です。前述の通り「本音」と「無駄」で愛されるような情報発信を続けることで、企業や製品の信頼を積み重ねるのです（129ページ参照）。当然、自社の宣伝は最小限にしなければなりません。「無駄」かつ「本音」でなければ、顧客は見向きもしてくれません。

一方で、ターゲット企業以外に情報を伝えても仕方がありません。いつか商品を買ってくれる可能性があるターゲットに対して、価値ある情報を届け続けるのです。

ゴール②「純粋想起」の獲得
——「○○といえば□□」

もう1つのゴールは「純粋想起」の獲得です。純粋想起とは、特定のカテゴリを思い浮かべたときに、自社ブランドが想起される状態を指します。例えば「BtoBマーケティング」といえば「WACULの垣内」と想起してもらいたいがために、私はこの本を執筆しています。

信頼を獲得しただけでは、純粋想起までいたっていない可能性があります。いつも私のTwitterを見てくれている優しい人たちがいますが、彼らに「BtoBマーケティングといえば？」と質問して、ほかの会社名が出てくるようであれば、私がTwitterで発信する目的を達成できていません。

日本人なら誰でも知っている超大手製造業メーカーを支援したときも同じような事例がありました。誰でも社名は知っているし、個人向けの家電で信頼感もあるメーカーです。しかし特定の部品について、本当は取り扱いがあるにもかかわらず、顧客からはもう取り扱っていないだろうと勘違いされていました。このように信頼のみならず、純粋想起まで取りに行かなければ、いざというときの案件化率が上がりません。

逆もまた然りです。タクシー広告で「○○といえば社名」と連呼し、タレ

ントが不可解なポーズを取っていれば、純粋想起は取りやすいでしょう。一方でその認知しかなければ、信頼獲得はできていないため、いざというときに相談しようとは思わないはずです。

　しかし日常生活フェーズの活動を、本気で取り組んでいる企業は稀です。費用対効果が見えづらく、投資を意思決定しづらいためです。

　マーケティングや営業活動では、ニーズが顕在化した顧客を狙う施策が着目されがちです。本書でいう「初回購入フェーズ」の事例ばかりが世の中に出ていきます。

　ニーズが顕在化した顧客を狙う施策は、当然すぐ売上につながるため、短期的には費用対効果の高い活動だと言えます。しかし競合企業も顕在顧客を狙うため、1案件当たりの獲得単価は高騰していき、厳しい戦いを強いられます。

　短期間でクイックに成果を上げるために、まずは顕在顧客から狙うというマイルストーンには賛成です。しかし**中長期で持続的に売上を伸ばしていくには、いつかこの日常生活フェーズでの活動に力を入れざるをえないときがくる**のです。

日常生活フェーズのKPI・目標を策定するためのポイント

　それでは日常生活フェーズのKPIや目標はどのように考えればいいのでしょうか?

　「初回購入フェーズ」であれば、アポ獲得単価が5万円で、営業のクロージング率が10%なら、1顧客の受注までに50万円のコストがかかります。商品の年間売上が500万円なら、もう少しコストをかけてもいいなどと簡単に判断できます。

　当然ですが、「日常生活フェーズ」でこれほど簡単な計算は成り立ちません。「信頼獲得」や「純粋想起」が売上にどのようにつながるか、完全に数値化することは不可能だからです。それでもできる限り数値化するこ

図5-1 日常生活フェーズの施策効果を数値化した例

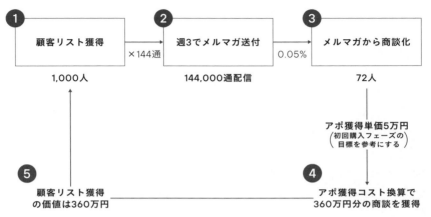

とで、KPI化や目標設定ができます。

　例えば、日常生活フェーズの顧客情報を1000名分獲得できた施策があるとします。1年の間、毎月12通年間144通のメールマガジンを送付し、毎回のメールで0.05％が商談化したとすれば、年間72件のアポを獲得できることになります。アポ獲得単価が5万円だとすれば、この施策の価値は360万円に相当します（図5-1参照）。仮の数字でも構わないので売上やコストに換算してしまえば、KPI化や目標設定ができるのです。

　効果検証には、購買者アンケートも有効です。商品を購入したユーザが、何をきっかけに商品を候補に入れてくれたかを聞けばいいだけです。この売上の一部を貢献額として、日常生活フェーズに使う予算を立てることは容易でしょう。

　アンケートによる厳密な売上貢献度はわかりません。なぜなら購入までに様々な顧客接点を中継するからです。展示会で認知し、Webサイトで調べて、営業担当に会い、メールマガジンを受け取って、調達部門が候補を提示してきてその中から選んだ、といったカスタマージャーニーがあったとして、最初の「展示会」の貢献度を厳密に測ることは困難です。

　しかし、そのような厳密さを追求する行為自体が愚かです。さらによくな

いのは厳密じゃないからと、効果検証を諦める行為です。大雑把にでも売上につながったかどうかが見えるなら、それだけでも施策を評価できます。

　例えば展示会Aと展示会Bで、購入した人が来ていたのがAだとわかれば、今後はそちらに予算を投じることができます。厳密な貢献額がわからなくとも「無駄な施策」を見極めることは簡単です。

　売上発生からの逆引きに「執念」を持ち、何としてでも売上貢献で評価してやるという姿勢が何よりも重要だと言えます。

　効果検証には、購買者アンケートも有効です。商品を購入したユーザが、何をきっかけに商品を候補に入れてくれたかを聞けばいいだけです。約半数のユーザはこの日常生活フェーズの施策がなければ認知すらせず、ほかの商品を買ってしまう可能性があるのです。この売上の一部を貢献額として、日常生活フェーズに使う予算を立てることは容易でしょう。

　このようにKPIや目標は、仮の数字で適当に設定すればいいのです。設定さえすればコミットできます。人間はどうしても見えやすい数字ばかりにコミットしてしまいます。短期のリード獲得・アポ数・売上、施策のコスト・工数などばかり見てしまいます。結果として「初回購入フェーズ」にばかり目がいき、レッドオーシャンの刈り取り施策に傾倒するのです。これでは中長期の成長は見込めません。

　余談ですが、私が大学時代を過ごしたテニスサークルにいた知人で、髪の毛にワックスをたくさんつけてツンツンにしている男性がいました。しかし彼は、つねに後頭部のワックスを付け忘れており、後ろから見るといつもペッタンコになっているのです。初回購入フェーズにばかり傾倒し、短期のCPAばかり気にしているような視野の狭い担当者を見るたびに、ペッタンコの彼を思い出すものです。

コンテンツで潜在顧客とつながり
連呼で純粋想起を獲得する

数値をもとに効果を証明する
ロジックを作る

　日常生活フェーズの活動にあたり、まず決めるのはKPIと目標です。先述の通り、日常生活フェーズの施策は、短期成果がわかりづらいため、少しでもコミットメントを高めて予算を獲得しなければなりません。

　勢いだけでスタートしたオウンドメディアは、1年も経てば更新頻度が落ち、2年も経てば誰も見向きもしない負の遺産になってしまいます。あなたの会社のWebサイトにも、サイトマップからしか行けない負の遺産があるのではないでしょうか?

　そうならないためにも、売上やコストに換算できるKPIと目標を立てる必要があります。大雑把にでもいいので、効果を経営者・責任者に証明できるロジックが作れれば十分です。

　経営者・責任者側も、この手の施策について細かくデータを追求してはなりません。1つひとつの施策がどの程度売上に効いたかを証明することは不可能です。**施策全体で成果が出ているかどうかだけを把握していれば、あとは細かく見るだけ時間の無駄**なのです。

　大雑把に貢献度を把握する手段としておすすめなのが「コンテンツ別の累計閲覧者数÷コンテンツにかけた累計コスト」というKPIです。これでわかるのは、多額のコストをかけたのに、一切顧客に接触できていない「最悪のコンテンツ」です。誰にも見られていないコンテンツは当然売上にもつながりませんし、それにコストをかけているとすれば非常にまずい状況です。まずはこうしたコンテンツを作らないようにすることから始めます。

新規接触者からは「個人情報」を、
既存接触者からは「信頼」を

　次にコンテンツを作り、世の中へ発信します。一度作ったコンテンツは、形を少しずつ変えて、様々な媒体で配信していきます。コンテンツを作るには大きなコストがかかるので、できる限り使い回します。具体的なコンテンツ作成と配信の手法は次項で述べます。

　新規接触者からは、このコンテンツをきっかけに個人情報を獲得します。最低限、会社名、個人名、メールアドレス、電話番号が取れていればいいでしょう。純粋想起獲得の工程で必要になります。SNSなどで緩くつながる方法もありますが、名刺情報を獲得したほうがいざというときに商談へつなげやすくなります。必ず取得しましょう。名刺情報の獲得には後述する「ウェビナー」「ホワイトペーパー撒布」「展示会」などが有効です。

　既存接触者からは、コンテンツを通じて信頼を獲得します。長期的には購入顧客へのアンケートで、コンテンツの貢献度を測ります。短期ではページビュー数・シェア数・メディア掲載数など、施策に応じてKPIを設定し、コンテンツの魅力を他施策との比較で評価します。信頼獲得には後述する「書籍」「ウェビナー」「メディア掲載」「ホワイトペーパー撒布」「自社ブログ」「SNS投稿」などが有効です。

できる限りコストをかけずに
「連呼」する

　純粋想起の獲得には「連呼」が最も有効です。「BtoBマーケのWACUL」と、テレビCMやメールマガジンで連呼されれば、嫌でも覚えます。
　連呼するときに最も重要なのは「コストをかけない」ことです。BtoB商材のニーズが顕在化するまでには長い時間がかかります。初めて接触し

図5-2 日常生活フェーズの戦術全体像

てから、ニーズが顕在化するまで数年かかるとすれば、できる限りコストをかけずに連呼したいところです。

テレビCMでは毎回数億円がかかりますし、タクシー広告やWeb広告でもお金を垂れ流し続けることになります。初回認知だけであれば、こうした広告は有効ですが、長期的な連呼には不向きです。

そこで最も有効な手段が「メールマガジン」です。厳密に言えば、名刺情報をいただいた既存接触者に、無料で通知を続けることです。「メールマガジン」と言えば、「そんなもの私は見ない」と反論されることがよくありますが、事実成果が出やすい施策です。

特に**純粋想起を狙うだけなら、メールが開封されなくても「タイトル」と「送信者名」だけ見てもらえれば十分**です。迷惑メールボックスにさえ入らなければ、自称「メールを見ない」担当者でも目にすることになります。

次項から、それぞれの具体的な手法について解説していきます。

価値あるコンテンツは「非常識」 「網羅性」「エンタメ」から生まれる

競合商品と競合しているわけではない

　「本音」と「無駄」でコンテンツを作るのは骨の折れる仕事です（129ページ参照）。これこそがマーケターの主業務と言っても過言ではないですし、ここに努力や才能の差が現れるとも言えます。

　本書ではできる限りこの業務に取りかかりやすくなるよう、考え方の例を示しますが、最終的には自らのスキルを磨くしかない領域だと思います。

　前提として日常生活フェーズの「競合」は、商品の競合ではありません。日常生活の時間を奪い合うライバルは、スマホゲーム、テレビ番組、YouTube、友人との飲み会、昼寝など、何でもありの強豪だらけです。個人の大切な人生の時間をどれだけ分けてらえるかという勝負なのです。

　同業他社が作っているコンテンツばかりをライバル視しているようでは何も始まりません。NetflixやYouTubeを漫然と眺めているほうがまだマシかもしれません。

　たしかに「仕事で読む」というシーンはあるため、多少魅力が低くても見てもらえるケースはあります。しかし、あなたが**コンテンツを作るときのライバルは、ユーザが一番好きな時間の過ごし方**であると認識しなければなりません。

悪いコンテンツ ＝ユーザの心に届かないコンテンツ

　いいコンテンツの作り方を解説する前に、悪いコンテンツを作らないた

めのNG例からご紹介します。悪いコンテンツとは、ターゲットユーザにとって内容が面白くないがゆえに、そもそも読もうと思ってもらうことが難しく、さらにもし読んでもらえても心を動かすことのできないコンテンツです。

まずダメなのは「商品紹介」です。よほど特徴的な商品や、新商品でもない限り、ワンオブゼムであるあなたの企業の商品はまったく面白くありません。ニーズが顕在化している「初回購入フェーズ」なら構いませんが、日常生活での製品紹介は苦痛でしかありません。

次にダメなのは「当たり障りのない事例」です。事例は、導入を迷っている初回購入フェーズで、似たような会社も使っているという社内説得に使われるものです。日常生活の中で、製品を導入してハッピーになりましたなどという事例は何ひとつ面白くありません。もちろん導入して大失敗した事例だったり、予想外のノウハウが得られた事例だったりすれば面白いのでしょうが、大半の事例は2社間のコンプライアンスチェックにより、どうしようもなくつまらないものに仕上がります。

「やっている感だけのサステナビリティ」もダメです。SDGs（Social Development Goals：持続可能な開発目標）に取り組むことは、今世紀の企業にとっては重大な使命です。しかし本気で取り組んでいるわけではない、片手間の取り組みを記事にしたところで、誰の心も動かされません。

「当たり前のホワイトペーパー」もダメです。誰もが当然知っていることをデザインだけ綺麗にして冊子にまとめても何ひとつ興味をそそられません。当たり前のことを当たり前にまとめただけの記事を読むと、むしろ時間を奪われたと感じ、憤りすら感じさせてしまいます。

「内輪ネタ」もダメです。業界の著名人が集まった座談会や、社内メンバーの対談など、知らない人からすれば薄ら寒い雑音に過ぎません。少し有名人がいたところで、コンテンツの価値はその中身に依存するのです。

世の中のBtoB企業が作るコンテンツの大半は、これらのいずれかに該当します。作るのはそれなりにたいへんですが、ユーザの心に届くようなものはほとんどありません。だからこそ**価値あるコンテンツを作れれば、業界で一人勝ちすることも夢ではない**のです。

　それではいいコンテンツはどのようにすれば作れるのでしょうか？　それは「非常識」「網羅性」「エンタメ性」のいずれかの要素を持たせることです。

| 要素 ①

非常識 ── 自らの正義を持ち「本音」で否定する

　まずは「非常識」とは、言葉そのままですが、常識を覆す提言や指摘です。**自社のパーパス、ビジョン、ミッションなどに照らして、世の中の固定概念を「否定」できないか**を考えます。

　しかしただ否定するだけでは、むしろ信頼を損なうリスクも伴います。誰彼構わず喧嘩をふっかけて注目を集めようとする人もたまにいますが、それでは信頼どころか多くの人に嫌われるだけです。常識から逸脱した考え方ですが、同時に「共感」もされなければ、世の中に受け入れてもらえないのです。

　例えば、私はWebページの「ABテスト」というデジタルマーケティング手法を「否定」する立場を取っています。A案とB案とで2種類のWebページを作り、同時にリリースして成果を比較する手法です。精緻な効果検証ができるようにみえるため、一世を風靡した手法の1つです。しかし、実際には多くの人がこのABテストで疲弊しています。A案とB案を比較しても、成果の差が出ることは稀で、徒労に終わることが非常に多いためです。

　こうした関係者の感情を読み、「ABテストはやめるべきだ」と否定的に主張すれば、意外性と共感で賛同者が増えるという仕組みです。

図5-3 「卓越したコンテンツ」を生み出す3要素

非常識	網羅性	エンタメ性
自らの正義を持ち「本音」で否定する	徹底的に調べ尽くした情報を公開する	読んだり見たりして楽しい
常識を覆す提言や指摘。自社のパーパス、ビジョン、ミッションなどに照らして、世の中の固定概念を「否定」できないかを考える	常人では絶対にやらないレベルで調べ尽くした情報。無償でパーフェクトに調べ上げられたコンテンツに、誰もが感謝の気持ちを抱く	BtoBでは考えられないほど「楽しい」企画。読んだり視聴したりすること自体を楽しい時間にするにはどうすればよいかを考える

　この否定は、私のパーパスに基づいています。平たく言えば「デジタルマーケティングの無駄な仕事をなくしたい」というパーパスです。思想なき否定はただの悪口です。**自らの正義を持ち、「本音」で否定できるからこそターゲットの心に届く**のです。

| 要素 ② |

網羅性 ── 徹底的に調べ尽くした情報を公開する

　次の「網羅性」とは、**常人では絶対にやらないレベルで調べ尽くした情報を公開する**ことです。

　人はみな、自分で調べたり整理したりするのが面倒です。とにかく考えずに楽をして生きたいというのが人間の性です。こうした人間心理を背景に、無償でパーフェクトに調べ上げられたコンテンツに、誰もが感謝の気持ちをいだきます。

　しかし、少しでも自社の宣伝を入れようとしたり、忖度をしたりすれば、コンテンツの価値が一切なくなります。調査した動機がわからず困惑してしまうほどにフラットな立場で、不気味なほど調べ尽くされているからこそ人々の心に届くのです。

例えば、戦略コンサルティングファームが出している研究レポートなどは典型的な「網羅性」のコンテンツです。クライアントに１日当たり数十万円でチャージできるようなコンサルタントの時間を使って、ロジックに一部のすきもないレポートを作り、無料で公開しているのです。

要素 ③

エンタメ性——読んだり見たりして楽しい

　最後に「エンタメ性」とは、BtoBでは考えられないほど「楽しい」企画です。**読んだり視聴したりすること自体が楽しい時間にできないか**を考えます。

　しかし「エンタメ性」は不真面目さや、不誠実さを印象付けるリスクがあるため注意が必要です。飲みながらだらだらとウェビナーで対談したり、本業に関係ない緩いキャラクターを作ったり、度がすぎると薄ら寒い企画に成り下がります。

　「真面目」だけれど「楽しい」というさじ加減の難しさから、ほかの手法よりも難易度が高いと言えるでしょう。このエンタメ性だけで魅力を作るのではなく、ほかの手段との合わせ技で勝負するのも有効です。つねに**ターゲットを楽しませたいという姿勢で向き合うこと自体に価値がある**のです。

　ここで紹介した方法で生み出したコンテンツを使いまわし、様々な手段で世の中に発信します。次ページから主な手段とその使い方を解説していきます。

魂を込めた書籍は「思想」まで伝わる最強のツール

一度は執筆にチャレンジすべき理由

　企業が発信する情報の中で、**「書籍」は顧客が最もじっくり時間をかけて向き合ってくれる媒体**です。書籍は読むことにだけ集中してもらい、数時間もの情報伝達時間をもらえるのです。特に顧客が自ら購入した本であれば、元を取ろうと真剣に読んでくれます。

　比較対象として、Webサイトはスクリーン越しであるという媒体特性から、大半が流し読みされます。ウェビナーなどのイベントも、作業しながら聞く人が大半です。営業担当の面談ですら1時間しかもらえませんし、オンライン面談なら内職されてしまうこともあります。やはり書籍ほどじっくり読んでもらえる媒体はほかにありません。

　じっくり読んでもらえる分、魂の込もった価値ある1冊であれば、表層のノウハウを超えて、思想レベルまで伝わります。思想が共感されればファンになってくれる人もいるでしょう。逆に、浅はかな内容であれば「買った金を返せ」と言わんばかりに、ネガティブな感情を持たれてしまいます。まさに中身次第の諸刃の剣と言えます。

　書籍はコンテンツの源泉にもなります。一度書いてしまえば、中身を分解してウェビナーなどに再利用できます。さらに書籍は採用活動にも貢献しますし、新入社員の教育にも使えます。

　こうした理由から、BtoB企業なら一度は執筆にチャレンジすべきだと思います。

書籍を出版する2つの方法

　書籍の出版方法には大きく2通りが存在します。

　1つ目は「**企業出版（自費出版）**」と呼ばれる方法で、企業がコストを払って出版社に執筆を依頼するパターンです。出版社にもよりますが、数百万円から1000万円前後のコストがかかるものの、企業側には執筆や企画の手間がかかりません（取材・内容確認・校正の時間は必要です）。しかし企業側が自分で考え抜いて書くわけではないため、信頼獲得にはつながりづらいでしょう。内容が浅ければ、売れ行きが悪いだけにとどまらず、企業にネガティブな印象を持たれてしまいます。

　2つ目は「**商業出版**」と呼ばれる方法で、企業はコストを払わない代わりに、自ら執筆するパターンです。こちらの場合、企業側が印税を受け取る立場になります。出版社側がコストを払ってビジネス上のリスクを取ることになるため、売れる可能性が高いかどうか、つまり「商業（ビジネス）」として成り立つかどうかを企画段階でシビアに見極められます。

　2つのほかにもリスクを半々にする方法などもありますが、基本的にはこのどちらかを選ぶことになります。本書の「日常生活フェーズ」の目的が「信頼」「純粋想起」の獲得であることを考えれば、「商業出版」以外に選択肢はありません。

商業出版を実現するには「出版企画書」

　「商業出版」は出版社側が売れると判断しなければ実現できません。ターゲット読者の数、トレンドの有無、企画の面白さなどから総合的に判断されます。日本のビジネス書であれば、1万部売れればヒットと認識されるそうで、まずはこのラインを目指せるかどうかを、担当編集者とすり合わせます。

　出版社に企画を持ち込む際、できれば過去に執筆・出版した経験がある人から紹介してもらえると話がスムーズです。最初の打ち合わせで出版企画書を提出してアピールしましょう。

出版企画書には、タイトル、ターゲット読者、テーマやコンセプト、著者プロフィール、目次案などを記載します。過去に執筆の実績がない人は、企画を通りやすくするために、先に原稿を書いて持ち込んだり、献本用に数百冊〜1000冊程度の買い取りをコミットしたり、売れ行きを予想する調査データを付記したりすると有効です。テーマや読者層、コンセプトの近い書籍（類書）を伝えれば、編集者がデータを調べてくれるでしょう。

　また複数の出版社に持ち込むことも可能です。同じ企画をいくつかのビジネス書を中心に発行している出版社に持ち込み、企画への反応のよさや、担当編集者との相性、書店への営業力、関連媒体での宣伝力などから選ぶといいでしょう。複数の出版社に持ち込むことをよしとしない編集者もいるので、他社にも持ち込んでいることやその意向をきちんと伝えておくのがマナーです。

　特に担当編集者との相性は、出版社の色が出るところです。短期的な販売部数優先であればトレンドに乗ったバズワード主体の本になるかもしれませんし、長期的な販売部数優先であれば教科書的に長く読まれる本になるかもしれません。自社が目指す情報発信ポリシーと相性がいい出版社を選びましょう。例えば、この本は教科書のようにできる限り長く読んでもらいたいと思って書きましたので、バズワードは極力排除しています。

　書店への営業力や、関連媒体での宣伝力は、販売部数に影響します。ただ実質的にAmazonでの売上比率が高くなることも多いため、ビジネス書の出版社であれば、必要以上にこだわらなくていいと考えています。また大手出版社から出したとしても、それが読者の購入理由になることはほとんどないでしょう。本を選ぶときに、出版社名を気にするのは、書籍関連の仕事をしたことがある人くらいでしょう。

経営者自身が執筆する

　出版が決まればあとはひたすら書くのみです。私の場合、200ページの

本を書くのに、集中力が続けば丸2週間くらいかかるイメージです。この本は、ゴールデンウィークと土日を何回か使って書き切りました。文章を書き慣れていない人なら、半年以上かかることもあるそうです。

　会社のパーパスを意識し魂を込めて書くとなれば、執筆は経営者が担当すべきでしょう。取締役であれば、土日もゴールデンウィークも関係ないため、業務時間外に集中して執筆できます。もし従業員に依頼するなら、ほかの業務を止めて執筆に専念してもらうのが妥当でしょう。

　また著者は会社名ではなく、個人名で出すのが通例です。そのため経営者自らが執筆し、その名前で認知が広がることも会社にとってはプラスです。ライターに依頼するケースもあるそうが、よほど優秀なライターでなければ、やはり魂が込もった書籍にはなりません。この本も、一字一句、私がすべて書き込んでいます。

　図版はPowerPointなどで簡単にでも作成すれば、あとは出版社側で綺麗にデザインしてくれます。文章を書いたあとで、図版が必要な箇所に随時挿入していくイメージです。

知見は出し惜しみせずに
すべて公開する

　また本を書く際に、知見をどこまで出すか悩む人もいます。結論から言えば、出し惜しみせずにすべて公開することをおすすめします。

　いくら知見を公開したところで、会社のパーパスや行動様式まではコピーできないからです。表層的な知見やスキルが真似されたとしても、同じ提供価値を再現することは不可能でしょう。企業価値を損なうようなことはありません。

　さらに言えば、昔の知見にしがみつくようなスタンスでは、その企業の未来はありません。古い知見などいくらでもくれてやり、我々は新しい世界に行くのである、くらいのスタンスが欲しいものです。

　書籍が出版されるタイミングで、出版社は書店への営業をかけてくれま

す。同時並行で、企業側も販売促進を進めます。いくつか具体的な施策
をご紹介します。

　1つ目は出版記念イベントの開催です。例えば、書籍の内容について、
有識者を集めてパネルディスカッションなどを行ないます。私の前著『デジ
タルマーケティングの定石』では、約2000名の方に、オンラインイベントに
お申し込みいただきました。

　2つ目は献本です。有識者、既存顧客、潜在顧客などに書籍を郵送し
ます。書籍の口コミを広めてくれたり、商談につながったり、効果的な施
策です。2000円前後で商談が取れるなら、広告などに比べてはるかに費
用対効果が高い施策だと言えます。

　3つ目はメディア掲載です。書籍に関連する専門媒体に依頼して、取
材や書籍プレゼントキャンペーンを開催してもらいます。メディアとのコミュ
ニケーション方法は、後述するメディア掲載の項目でもご説明します。

ウェビナーは「内職」を止めさせる
エンタメ性を追求せよ

ウェビナーは「聞き流し」になることがほとんど

コロナ禍以降のセミナーは、もっぱらオンライン化が進んでいます。会場準備が不要なため、開催側はコストがかからず、参加側も手軽に参加できます。今後もセミナーはオンラインが中心になるでしょう。

一方でウェビナーは、対面のセミナーとまったく異なる性質を持ちます。対面のセミナーは、顧客の時間を専有し、プレゼン資料と登壇者の身振り手振りで複雑な情報を伝えることができました。しかし、ウェビナーは、対面セミナーとはまったく異なり、作業しながらの聞き流しがほとんどです。

ウェビナーは手軽に視聴できるため、対面のセミナーよりも、テレビ番組やラジオに近い使われ方をします。ウェビナーは、テレビの録画のように気軽に予約されますし、たまたまテレビで流れていた番組を見るように気軽に視聴されます。仕事モードのときに視聴されることが多いため、何か作業をしながらの「聞き流し」になることがほとんどです。**当社のリサーチによれば、オンラインイベントは68.5%が"ながら見"される**ことがわかっています。

つまり、一生懸命作り込んだプレゼンテーション資料は一切見てもらえず、耳だけでBGMにされるのがウェビナーというメディアなのです。例えば、ある医薬品メーカーの調査で、医師向け媒体のウェビナーがどのように使われているかを調べましたが、もれなくすべての医師がウェビナー画面を一切見ずに、ほかの仕事をしながら音だけ聞いていたのです。**ウェビナーは、興味があるから見たいという動機よりも、「きちんと情報収集している」という仕事をしている感を演出したいという動機のほうが強い**ように感じます。

図5-4 BtoBオンラインイベントの実態調査

満足度別の購買意欲

■ すぐに導入したいと思った　■ 機会があれば導入したいと思った　■ 商品サービスに対しては特になんとも思わなかった
■ 主催企業が複数あり、企業ごとに商品サービスの導入意欲は異なる
■ そもそもイベント中に商品サービスの紹介が一切なかった　■ 機会があっても導入したくないと思った

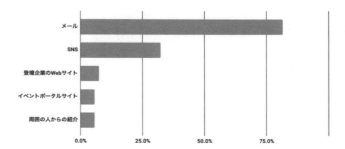

申し込み理由

Q.あなたが最後に参加したオンラインイベントはどこで知りましたか？
　当てはまるものをすべてチェックしてください

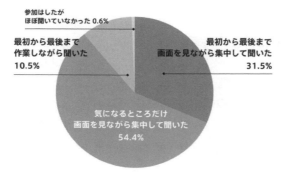

視聴態度

Q.そのイベントはどのように視聴しましたか？　近いものを選んでください

参加はしたが
ほぼ聞いていなかった 0.6%

最初から最後まで
作業しながら聞いた
10.5%

最初から最後まで
画面を見ながら集中して聞いた
31.5%

気になるところだけ
画面を見ながら集中して聞いた
54.4%

出所：https://wacul.co.jp/lab/btob-online-event-report/

画面に注目してもらうには
「エンタメ性」が不可欠

　前述の媒体特性を捉えて、BGMとして音声だけで勝負する方法もあるかもしれません。しかし、魂を込めたコンテンツを届けたいならば、やはり画面にまで注目してもらいたいところです。そのために「エンタメ性」が不可欠なのです。

　ウェビナーは開催前と開催直後で視聴者を引き込めなければ、そのまま画面をオフにされ「聞くだけ」になってしまいます。一度音声だけになってから、視聴者の興味を取り戻すのは至難の業でしょう。

　例えば、**冒頭の自己紹介に５分間を費やすようなウェビナーは最悪につまらない**でしょう。日常生活フェーズのユーザは、商品にも会社にも一切興味がないのです。テレビ番組でも、冒頭で司会者が自分の経歴を語るような構成は見たことがないでしょう。ウェビナーは開催と同時にトップギアを入れなければならないのです。

　また**ノウハウを淡々と語るようなウェビナーもつまらない**です。ノウハウ自体に価値があったとしても、よほどタイムリーにその知識を求めていない限り苦痛な時間になってしまいます。淡々とノウハウを伝えるだけなら、記事やホワイトペーパーのほうが向いています。

　手前味噌ながらエンタメ性の高いウェビナーの例として、以前当社WACULが開催した企画「リアルタイム診断」をご紹介します。このウェビナーの内容は、有名BtoB企業のWebサイト・Web広告・SEO・メールマガジンなどの課題を、その場でバッサリ指摘していくものでした。診断される側の担当者も登場してもらい、冷や汗をかきながらサンドバッグのように指摘を受け続けてもらいます。診断結果は当日まで知らされていなかったため、指摘される側の担当者は常時不安そうな面持ちで話を聞き、時には安堵の表情を浮かべるなど、人間味あふれる内容に仕上がっています。通常の共催ウェビナーは300名集まれば十分な成果ですが、このウェビナーは700名以上の集客に成功しました。

　この事例では、淡々とノウハウや課題を解説するだけでなく、出演者同

士の予想もできない受け答えや、豊かな感情変化がエンタメ性を高めています。エンタメと言っても、変にふざけたことをやる必要はありません。エンタメの教科書としては、やはりテレビの長寿番組から学べるものが多いように感じます。**過去にヒットした番組とその要因を分析し、自社のウェビナーに活かせないか考えてみる**といいでしょう。

まず「目的」と「目標」から考える

　ウェビナーを企画する際にまず考えるべきなのが、目的と目標です。ウェビナーには大きく2つの目的があります。

　1つ目は潜在リストと信頼の獲得です。これは日常生活フェーズのゴールを達成するための目的です。接点のないユーザは顧客リストを獲得し、接点のあるユーザは信頼の獲得・強化を狙います。先述の通りエンタメ性を強化して、なるべく多くの人に視聴してもらえるように努めます。業界にもよりますが、300名～ 2000名程度を目標にするといいでしょう。

　2つ目は商談の獲得です。これは初回購入フェーズのゴールを達成するための目的です。詳細は次のChapterで後述しますが、こちらの目的なら「商品紹介」に振り切ったウェビナーを開催すべきです。エンタメ性の高いウェビナーからすぐ商談につなげるのは困難です。商談が欲しいなら、ニーズが顕在化したユーザを集めて、商品について話をすべきです。こちらは5名～ 10名しか集まらなくても、商談につながれば御の字です。

　本来は、どちらかの目的に絞るべきですが、世の中には中途半端なウェビナーがあふれています。著名な登壇者をたくさん集めてエンタメ感を出しているにもかかわらず、登壇内容が商品紹介ばかりだと残念な気持ちになります。逆に商談目的にもかかわらず、ノウハウ提供中心の登壇内容になっていたため、あとからインサイドセールスが架電してギョッとされるようなケースもよく見ます。

　価値あるコンテンツを届けるのですから、商品紹介や商談獲得など、一欠片も見せてはなりません。コーナーを分けて少し商品紹介するくらいなら構いませんが、視聴率は大きく下がるでしょう。当社の独自調査からも、

ウェビナーの満足度が高ければ商品サービスの導入意欲が1.51倍高まるという結果が出ています。日常生活フェーズのユーザに対して、無理に商品の紹介などしなくても、満足度さえ高ければ自ずと信頼が高まり、あとの商売につながるのです。

集客は「テーマ」「登壇者」「企画」で決まる

次に考えるのは**集客ドライバーです。集客に影響するのは、テーマ、登壇者、企画の3点**です。

まずテーマについては、トレンドに乗ったキーワードほど集客力は高まります。自分の伝えたいコンセプトと、トレンドのキーワードが多少ずれていたとしても、本質的につながっているならばトレンドに乗ったほうが有利です。バズワードになど何の価値もないと理解しつつ、利用できるときはとことん利用すればいいのです。バズワードをあえて否定するようなテーマ設定も鉄板です。

登壇者は、テーマに合わせて可能な限り「格」の高い相手を呼びます。ここで言う「格」とは、人格のような本質的な話ではなく、わかりやすい「企業の知名度」「役職の高さ」「本人の知名度」などのステータスを指しています。無料のセミナーに申し込む段階では、わかりやすいステータスくらいしか見てもらえません。「格」の高い登壇者は、横並びで出演する登壇者のレベルを気にしますので、ステータスの水準をそろえることにも気を配ります。「格」の高い登壇者と知り合うには、事前に取材記事を申し込むのも有効です。

企画は、前述の通りウェビナーを盛り上げるエンタメのしかけです。対決形式などはわかりやすく盛り上がる演出でしょう。

告知は潜在顧客リストにメールする

ウェビナーの告知は、主に潜在顧客リストへのメールを用います。**イベント開催を知るきっかけは81.5%が「メール」**という当社の調査結果もあ

ります。他社と合同で開催する共催ウェビナーであれば、「メール配信数」にコミットしてもらいます。**メールは「配信対象数×申込率」が大きく変化しないため、メールを配信した「回数」に比例して集客数が伸びます。**

　ほかにも、類似・リターゲティング広告の出稿、イベント紹介サイトへの掲載、SNSでの投稿などが告知手段になります。

　ウェビナー開催後も、簡単なイベントレポートや動画アーカイブを公開し、継続的に顧客リストの獲得を狙うといいでしょう。

記者とWin-Winの関係を作り
メディア掲載で認知を広げる

「攻めの広報」で
ターゲットの認知を獲得する

　ターゲットが読んでいるメディアへの掲載を狙う、「**攻めの広報**」と呼ばれる手法を紹介します。

　BtoB企業が自社でメディアサイトを運営していても、読者数は月間5万～10万人くらいで限界を迎えることがほとんどです。それに対して、テレビ東京の「ワールドビジネスサテライト」なら視聴率3～5％（1000万～2000万人）、『日本経済新聞』なら読者数は261万人（22年1月1日時点）、Web専門媒体である「Web担当者Forum」なら読者数は99万人（22年7月UU実績）もいます。これらの巨大メディアに掲載できれば、今までリーチできなかったターゲットの認知を獲得できます。

　広報といえば一斉にプレスリリースを配信しているだけの企業も少なくありませんが、本当はターゲット媒体を絞って攻略していくべきです。

関係を深めたい媒体リストを
作成・更新する

　まずは自社が狙いたいターゲットが見ている媒体を探して媒体リストを作ることから始めます。既存顧客に普段見ている媒体をヒアリングしたり、同業が記事広告を出している媒体を探したりして、候補リストを作成します。

　次に各メディアが公表している閲覧者数をチェックします。公開データがなければ、閲覧者数を比較できる「similarweb」やビデオリサーチのようなツールを使って、およそのユーザ数を把握します。こうして関係性を深め

たい媒体リストをブラッシュアップしていくのです。

　媒体リストは随時更新していきます。**メディアに掲載してもらえたときの反響を確認し、自社との相性を見極めます。** 必ずしも有名な媒体や読者の多い媒体がいいわけではありません。同じ業界の専門媒体の間でも、読者層が全然違うことがあります。

関係を深めたい「記者」に情報提供する

　関係を深めたい媒体を決めたら、次は関係を深めたい「記者」を探します。自社が得意とするテーマに近い記事を書いている記者を洗い出します。記者の名前は、記事の最後に書かれていることが多いです。

　あとはその記者の名前で、Google検索、Facebook検索、Twitter検索などを利用し、これまで注力してきたテーマから、直近追いかけているテーマまで把握するのです。できれば共通の知人などから紹介してもらえるとベストですが、難しい場合は媒体の問い合わせフォームなどからアプローチしましょう。

　記者にアプローチする際は、Win-Winの関係になれるような情報提供が不可欠です。特に何のネタも用意せず時間をもらったり、メディア掲載を依頼したりするのは失礼にあたります。

　記者が取り上げやすいのは、「新規性」か「社会性」のある情報です。「新規性」とはほかと差別化できる情報で、「社会性」とは今の時流で報道すべき情報です。このいずれかを満たすようなニュースを用意して取材を打診するアプローチが基本です。これらの情報は一度世の中に出るとニュースバリューがなくなってしまうため、**プレスリリースを出す前に連絡する**ようにしましょう。

　ほかにも会社紹介を記者向けにまとめた「ファクトブック」を作成し、記者に挨拶するアプローチもあります。自社の会社紹介はもちろん、メディアに対してどのような情報提供ができるかまで伝えられれば、そのあとの取

材にもつながります。

　相手の記者も人間ですから、営業活動と同じで信頼関係を構築していかなければなりません。「無駄」と「本音」で愛されるというトップ営業のアプローチはここでも生きてきます。実際に強い広報担当者は、元トップ営業だという企業も多いようです。メディアと信頼関係を構築し、自社の魅力を売り込む仕事なのですから、スキルセットは似通ってきます。

ホワイトペーパーの撒布で
顧客情報と信頼を獲得する

中身の薄い
ホワイトペーパーの量産はNG

　ホワイトペーパーはターゲットが喜ぶノウハウを詰め込んだ無料の冊子です。前述した書籍の簡易版とも言えるでしょう。書籍よりも気軽に制作できますが、企業が直接配布しなければなりません。

　またダウンロード時に個人情報を要求できるため、メールマガジンの送付対象を増やすことにも使えます。後述するメールマガジンによる純粋想起獲得を狙うなら、個人情報を取得するような導線を必ず用意しましょう。

　個人情報取得に注力するあまり、中身の薄いホワイトペーパーを量産する企業もありますが、これは避けたほうがいいでしょう。たしかにホワイトペーパーの種類が多ければ、それだけダウンロードされる回数も増えます。しかし**わざわざ個人情報を入れてまでダウンロードしたのに、中身が非常に薄ければ企業への信頼は損なわれます。**

　日常生活フェーズのゴールは、信頼と純粋想起の獲得です。個人情報取得に傾倒するあまり、このゴールから遠ざかってしまっては本末転倒です。

ダウンロード用のWebページを制作する

　ホワイトペーパーを制作したら、まずはダウンロード用のWebページを制作します。**ダウンロード率を高めるためには、ファーストビューに入力フォームが露出することが有効**です（171ページ、図5-5参照）。

　無料コンテンツをダウンロードするだけであれば、余計な説得は一切不

要です。簡単にホワイトペーパーの中身を箇条書きで記載する程度で十分です。

逆に余計な説得を長々と記載し、ダウンロードボタンやフォームの設置箇所がページ下部になってしまうと、ダウンロード率は大きく下がります。余計なことをせずに、ファーストビューで完結するWebページを制作してください。モバイルユーザを想定し、「資料をダウンロード」よりも「資料をメールで受け取る（もらう）」にすると、成果が上がるケースもあります（図5-5下図参照）。

「類似ターゲティング広告」で集客する

次にこのページに集客します。即効性があるのはWeb広告です。特に**類似ターゲティング広告と呼ばれる、これまで接点のある顧客と似た属性のユーザを、媒体側のアルゴリズムで自動的に探す手法が有効**です。ほかにも、検索エンジンで特定のキーワードを検索したときに出るリスティング広告や、Webサイトに一度訪れたユーザに出すリターゲティング広告などを活用します。

日常生活フェーズは、潜在ユーザ狙いです。初回購入フェーズに比べて、CPA（一人当たり獲得単価）を低く抑えなければ元が取れません。例えば1顧客の獲得に3000円の広告費をかけた場合、1000人の名刺情報獲得に300万円のコストがかかります。1000人に対して、1年の間、月12通のメールを送り、毎回0.1％の顕在ユーザを発見できたとします。ここから費用対効果を計算すると、顕在リード144件を、300万円で獲得できたことになるため、顕在リードのCPAは約2万円になります。このように潜在リードのCPAは、顕在リードの1/5 〜 1/10程度に抑えなければ元が取れないのです。

ホワイトペーパーの魅力が高ければ、CPAはよくなります。またディスプレイ広告のクリエイティブを、週次〜月次で変更し続けるようにすれば、CPAを低く抑えられます。

図5-5 ホワイトペーパーダウンロード用のWebページ設計例

ファーストビューに
入力フォームを露出
するとダウンロード
率を高められる

ほかにSEO記事から集客する方法もあります。本来SEO記事は、初回購入フェーズで顕在リードを獲得することに活用する施策です。なぜならCPAがやや高くなりやすいためです。

　狙うキーワードにもよりますが、1記事当たりの作成・運用コストが5〜10万円とやや高く、獲得できるCV数も1記事当たり月1件前後のため、1年間運用した場合のCPAは5000円〜1万円程度です。前述の通り、潜在リードのCPAは低く抑えなければならないため、積極的な活用は難しいことが多いです。

　顕在リードの獲得を狙って書いた記事にもかかわらず、CVが全然取れない場合に、次善策としてホワイトペーパーに流す程度の力のかけ方がちょうどいいでしょう。一方、cookie規制により広告効果が落ちる可能性もありますので、それを見越してオウンドメディアを強化するという方針はありえます。一度は自社で精緻に見積もってみるといいでしょう。

　次にアナログ施策では、営業担当がクロージング中の顧客に直接配ったり、まだ見ぬ顧客に印刷して郵送したり、カスタマーサポートが既存顧客へのアップセル目的で使ったりするのも有効です。

　せっかく魂を込めて作ったコンテンツならば、すべてのターゲットに行きわたるまで使いつくさなければもったいないのです。

展示会は名刺獲得に専念する 即商談は非効率極まりない

展示会に訪れる顧客の行動をイメージする

オフライン展示会は、何を目的に出展すればいいのでしょうか？　案件の受注、アポの獲得、名刺の獲得など、様々な目的が考えられます。

展示会の使い方を決めるためには、まず展示会に訪れる顧客の行動をイメージする必要があります。みなさんも客として展示会に行ったときのことを思い出してみてください。

前提として展示会に訪れるのは「日常生活フェーズ」のお客様です。何か顕在化したニーズがあれば、展示会など待たずして直接問い合わせするはずです。展示会に来ている時点で、**明確な目的はなく「何か新しい情報はないかな？」くらいの期待値**で訪問しています。

一応は仕事の時間を使っていますので、何か情報収集しなければならないという義務感はあります。また真面目な企業なら、展示会に参加した後にレポートを作らなければなりません。1つや2つは有益なサービスを見つけたいところです。

まず入口から大通りを足早に歩き、上のほうの看板だけ流し見して、ざっくり気になるブースを見定めていきます。途中でノベルティを配られたりすれば受け取りますし、気が向けばブースに立ち寄ることもあります。ただ基本的には、特に何かを導入したい気持ちはありませんし、1つのブースで時間を取られすぎるのもネガティブな状況です。

展示会に訪れるユーザは「展示会をひと通り見て回った」という仕事をこなしているだけです。この状態のユーザを捕まえて、**案件の受注やアポの獲得を達成するのは至難の業**でしょう。着座させたところで、早くその

場から立ち去りたい人のほうが普通です。もちろんソリューション営業ができる精鋭人材がそろっていればいいのでしょうが、その可能性は前のChapterで否定しました。

名刺交換数を最大化する方法

　日常生活フェーズのユーザで、かつ短時間しか接点を持てないとなれば、「ホワイトペーパー撒布」と同様に、名刺情報の獲得にフォーカスするのが効率的です。展示会とディスプレイ広告はよく似ています。潜在ニーズのユーザが偶然通りかかったとき、個人情報と引き換えにホワイトペーパーを渡すことをリアルでやるだけなのです。

　名刺交換数を最大化するためには、「魅力的なノベルティ」「人通りの多い接客面積」「バーコード名刺交換」などを駆使します。

　「魅力的なノベルティ」は言うまでもないですが、展示会に訪れた人が欲しくなるアイテムを用意します。入口付近なら手提げ袋、疲れた人を狙うなら飲料など創意工夫を凝らして名刺と交換してもらえる商品を用意します。ノウハウを詰め込んだホワイトペーパーも有効でしょう。

　「人通りの多い接客面積」はもっとも重要な要素です。大通りに面しており、名刺交換できる面積が広いブースを選びます。面積を広くするために、複数社合同で出展し、あとから名刺をシェアするという手法を使う企業もいるくらいです。

　「バーコード名刺交換」は、会場にもよりますが、名刺交換の効率を高めます。終盤は両手が荷物でふさがったユーザも多いため、名刺交換の負荷を下げることも有効でしょう。

　展示会のブースに長時間立っていれば、着座して商談につながるお客様も、数名はいるでしょう。しかしそれは偶然の産物です。

　展示会の目的は、日常生活フェーズにおける「名刺交換」だと割り切ることで、大きな成果を上げられるのです。言い換えれば、展示会に出るという行為は、展示会業者から顧客リストを買ってきているだけなのです。

メールマガジンの件名で連呼し純粋想起を獲得する

テレビCMやタクシー広告をわざわざ打たなくてもいい

　日常生活フェーズにおいてメールマガジンは最重要施策の1つです。**「純粋想起獲得」という目的では、唯一無二の効果を発揮するため、実施しないという選択肢はほぼありえない**と言ってもいいでしょう。

　前述の通り、たとえ信頼を獲得できていたとしても、ニーズが顕在化したときに思い出してもらえなければ、問い合わせをもらえません。狙っている商材カテゴリといえば、自分の会社を思い出してもらえるように、関連づけを強化しなければならないのです。

　マス広告の多くは、この純粋想起獲得を狙ったものでした。例えば自動車業界では、10年に一度の買い替えタイミングで、購入しようかと想起する車種は2種類以下で、このうち1種類は今所有している車なので、残りの1種類に入るために各社こぞってテレビCMを打つのです。テレビCMの中で純粋想起に効果があるのは、美しい車体でもなく、俳優の知名度でもなく、洗練された音楽でもなく、「車種名の連呼」でした。

　BtoBでも同様に、サービス名の連呼が純粋想起に貢献します。サービス名を連呼するタクシー広告を思い出していただければ、知らないうちにみなさんがサービス名を覚えてしまっていることにも気づくでしょう。

　「サービス名の連呼」だけならば、わざわざテレビCMやタクシー広告を打たなくても、メールマガジンで代替できます。メールマガジンが届いたところで、開封して中身まで見ることは稀ですが、送信者名と件名は目に入ります。ここに商材カテゴリと自社・商材名を挿入することで、テレビ

CMによる純粋想起獲得の効果を期待できるのです。

「中身まで読んでもらえれば、顧客のナーチャリング（顧客の育成）ができるのでは？」と思われる方もいるかもしれませんが、それは妄想です。営業が通っても顧客の育成などできないのです。それをたかがメールだけで実現しようだなんて、顧客を馬鹿にしているとしか思えません。

メールマガジンは、一度メールアドレスを取得してしまえば、ほぼ無料で送り続けられます。マス広告のようにコストを垂れ流し続ける施策に比べて、圧倒的にコストパフォーマンスに優れています。

特にターゲットユーザの数が限定的なBtoB事業であれば、マス広告の大半は無駄なリーチになってしまいます。元からターゲット企業に絞って顧客リストを集めていれば、無駄なくメールマガジンで純粋想起獲得を狙えるのです。

「メール送信頻度」と
「配信解除率」に相関はない

メールマガジンで純粋想起を獲得するには、少なくとも週1回は送るべきです。多い企業では、BtoB事業であっても毎日送っていることも少なくありません。

みなさんご自身の受信ボックスを開いてみてください。「メールマガジンが届いている」と認識がある企業は、最低でも週1回は送ってきているはずです。さらに言えば「メールが来すぎて鬱陶しい」という印象の企業はほとんどいないはずです。1日に何通も送ってこない限りは、ネガティブな印象など抱きません。

実際にメールの送信頻度と、配信解除率（メールマガジンの送付を拒否する設定をした割合）に相関は見られないという調査結果があります。もし不安なら、少しずつメール送付頻度を上げてみることをおすすめします。配信解除率が悪化せず、クレームも増えなければ、そのまま頻度を上げていっても問題ないでしょう。

図5-6　メールマーケティングの実態調査

配信頻度を上げても配信解除率は低い数値で落ちつく

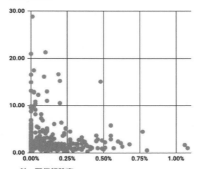

配信頻度

x軸：配信解除率
y軸：配信頻度

・自分にとって必要な情報や、ファンであるサービスの情報であれば、1日1回以上の高頻度であっても配信解除率は0.05%を切る。

・配信解除の原因はシンプルに、自社へまったく興味がない人にメールを送っているか、あるいは読者にとって興味がある情報を送っていないかのどちらか

1通を作り込むよりも、1回でも多く配信すべき

テキスト量・画像の有無別の反応率の中央値

		反応率
全体の中央値		6.87%
テキスト量	500文字以下	12.21%
	500〜1,000文字	6.67%
	1,000〜5,000文字	6.81%
	5,000文字以上	6.81%
画像	画像あり	6.85%
	画像なし	6.90%

・どれだけ長く文章を書いても画像を入れても、反応率はほぼ変わらない。むしろテキスト量は500文字以下のほうが反応率が高い。

・反応率を高めるためには配信リストを適切に分け、コンパクトな文面で速やかにクリックを促すことが重要

出所：https://wacul.co.jp/lab/mail-marketing_best-practice_report_2/

私がメールマガジンの頻度を上げる提案をすると、クライアントからは必ず顧客のネガティブな反応を不安視する声が上がります。しかし上述の通り、顧客はあなたのメールマガジンなど一切気に留めていません。大量に届くメールマガジンの中の「ワンオブゼム」にすぎないため、控えめに送ったところで気づいてもらえないだけなのです。

　このようにメールマガジンは、顧客との距離感がちょうどいい媒体です。頻繁に送っても鬱陶しがられることはなく、それでいて誰からきているかくらいは認識してもらえます。顧客体験で言えば、バナー広告や、通りすがりの展示会ブースなどと同じくらいの距離感なのです。逆に、SMS、LINE、電話などは顧客との距離感が近い媒体です。メールと一見似ていますが、送りすぎると顧客のネガティブな反応を引き起こしやすいため要注意です。

　メールマガジンでも、配信を解除されやすいケースがあります。それは顧客と約束していないメールや、まったく関係ないメールを送ったときです。極端な例では、BtoBとBtoCの両方をやっている企業が、BtoC向け家電のお客様に、BtoB向け部品のメールを送れば、高確率で配信解除されます。「関係ない」の基準はケースバイケースのため、一通試しに送ってみて配信解除率を見てみるほかありませんが、事前に配慮すべき事項ではあります。

「凝る」よりも「サボる」ほうが 純粋想起につながる

　メールマガジンの頻度を上げられない理由がもう1つあります。それは「作るのがたいへん」というものです。送るネタがないこともあれば、デザイン制作コストがかかることもあるでしょう。

　結論から言えば、メールマガジンは制作を「サボる」ことが成功の秘訣です。凝ったデザインもコンテンツも一切必要ありません。**工数をかけず、頻度を上げることにフォーカスすべき**です。

　メールマガジンを開封したユーザのうち76％は7秒以下しか見ません。7秒で読める文字数は約140文字と言われていますが、これはメールマガ

ジンで最初に表示されるファーストビューでほぼ終わってしまいます。ファーストビュー以下まで丁寧にコンテンツを作り込んでいる人がいるとすれば、その作業をやめましょう。

さらにメールマガジンを閲覧するユーザの行動を観察すればわかりますが、**メールは「読まれる」ものではなく、脊髄反射的にリンクが「押される」 もの**なのです。まずメールのタイトルに興味を持てば開封しますが、ユーザが探しているのはタイトルについての詳細な説明です。詳細情報へのリンクを見つければ即座にクリックし、Webサイトに遷移してからじっくり読みます。メーラー上でじっくり読もうとする行動は起こりづらいのです。

そのため**メールマガジンの制作で重要なのは、興味を引くタイトルと、 タイトルの詳細を期待させるリンクだけ**です。それ以外の要素は一切いりません。もちろんHTMLメールのデザインに凝ることも成果に影響ありません。これだけ簡略化すれば、メールマガジンの制作工数を極限まで落とすことができ、頻度を上げられるようになります。

送る「ネタ」についても、わざわざ作る必要はありません。すでに解説した、ウェビナー告知、ホワイトペーパー紹介、自社ブログ更新、メディア掲載情報など、自社の情報発信を細かく分割して送信すれば大丈夫です。

BtoCの話になりますが、ECサイトのメールマガジンの事例をご紹介します。ECサイトでもメールマガジンは、ファーストビューの1つ目のリンクが一番押されます。そのため1通のメールに新着商品を10個並べてもほとんどが押してもらえません。新着商品が10個あるなら、10通のメールに分割することで、売上も10倍近くまで増えるのです。

さらにメールマガジンは、ニーズが顕在化した顧客を見つけ出すセンサーの役割も兼ねています。ニーズが顕在化したユーザしか押さないリンクを設置することで、営業対象を発見できるのです。メールのタイトル・本文・リンク文言などの作り方は、Chapter6で詳細に解説します（226ページ参照）。ここでは、メールマガジンは純粋想起を目的に、高頻度で送るべきだということだけご理解ください。

SNS投稿とリツイートで
知人界隈に情報を届ける

BtoBと好相性のSNSはあるのか？

　国内の主要なSNSは、LINE、Facebook、Twitter、Instagramなどです。LINEは個人間メッセージの利用がメインのため、BtoBでの活用事例はほとんどありません。Instagramも商品画像や動画の魅力が弱ければ運用が難しいため、BtoBでの活用には不向きです。

　Facebookは、主に対面したことのある知り合いとつながるSNSのため、過去に接点のある顧客と、営業担当が個人でつながることには適しています。日常的に顧客に友達申請するようにし、日々投稿することで純粋想起を獲得し、折を見てメッセンジャーでアポイントメントを取得します。ただし個人の営業活動の延長になるため、マーケターが介入する余地は少ないでしょう。

　Twitterは、Facebookに比べて知人以外の輪が作られますが、業界内には目に見えないコミュニティが存在します。業界内部の人たちはおおむね相互フォローしており、その内部で情報が拡散します。逆に言えばそのコミュニティの外まで情報が届くことは稀です。顧客が口コミを頻繁に投稿するような商材なら、ほかの使いようもありますが、BtoB商材ではなかなか難しいでしょう。

　このようにBtoBでのSNSアカウント運用は、知人や同一業界内に絞れば、信頼や純粋想起を獲得することには有効な媒体です。

Twitterは魅力のある投稿を続けるしかない

　FacebookもTwitterもアカウントを作っただけでは情報が届きません。最低限、業界内の人とつながっていなければなりません。

　特にTwitterの場合は、継続的に魅力のある投稿をし続けることで、フォロワーを増やしていくほかありません。魅力的な投稿というのは、このChapterの冒頭で解説した「非常識」「網羅性」「エンタメ性」を含む情報発信です。

　しかし、こうした内容を頻繁に投稿するには、アカウント運用者自身のコンテンツ力が求められます。さらに言葉選びを間違えれば、炎上するリスクもあります。必然的に社内でうまく運用できるのは、マメな経営者か、SNSが得意な一部の従業員に限られるでしょう。

　さらに従業員数の多い企業ほど、SNS投稿内容の管理が難しくなります。ガイドラインを整備したとしても、炎上リスクをゼロにすることはできません。現実的にSNSを活用できるのは、ベンチャー企業や中小企業で投稿者が少ないケースか、経営者が投稿にコミットできるケースくらいのものです。

　ただし、**うまく投稿できる運用担当者が見つかれば、いつでも数万人に無料でリーチできる、便利な情報の発射台が完成します。**ブログやウェビナーとは違い、わずか140文字の世界では、読んでもらうためのハードルがきわめて低くなります。ちょっとした情報を業界内に届けるだけなら、一番有効な手段です。

　Twitterなどは投稿がどんどん流れていくため、一度投稿したくらいではユーザの目に止まらないことがほとんどです。エゴサーチや自社URLの検索から、ユーザの口コミを発見し、それをリツイートすることで表示回数を増やします。リツイートされた側も、公式に取り上げてもらえれば嬉しいため、信頼関係の強化にもつながります。

自社ブログだけ作っても
誰も来ない廃墟になる

オウンドメディアは
集客とセットで考える

　多くの企業が情報発信手段と聞いて最初に思いつくのは、「自社ブログ」の活用でしょう。一見コストがかからず、スモールスタートがしやすそうな印象を与えますが、じつはこれまで紹介した中では、**自社ブログでは最も失敗しやすい施策の1つ**です。

　なぜなら自社ブログは集客に苦労するからです。社内の限られたリソースを使って、定期的にブログを執筆しているにもかかわらず、驚くほど誰にも見られていないという悲しいオウンドメディアをよく見かけます。オウンドメディアを立ち上げる際は、必ず集客手段とセットで考えなければなりません。

SEOはGoogle検索に対応すれば
問題なし

　オウンドメディアへの積極的な集客手段は、SEO（≒検索エンジンでの上位表示施策）です。

　日本の検索エンジンはGoogleとYahoo!でシェアの大半を占めているうえ、Yahoo!検索はGoogleのアルゴリズムを使っているため、Google検索にだけ対応していれば問題ありません。

　最初に、検索エンジンで上位表示したいキーワードを探します。世の中に検索したいというニーズがなければ、いくら記事を作り込んでも誰の目にもとまりません。よく検索されているキーワードを探すツールは、いろいろ

とあるので調べてみてください。

　狙うキーワードを決めたら、実際にGoogleで検索してみます。上位表示されるページは、Googleが「検索したユーザを満足させている」と高評価を与えたページです。これらの上位ページよりも、ユーザにとって価値のある情報を提供できれば、さらに上位に表示されるという仕組みです。

　しかし検索順位を上げるためには、平均1年ほどの運用期間と100ページ以上の記事数が必要です。運用の実績がなければ、Googleに専門性の高いブログだと認めてもらえないのです。SEOに取り組むなら、まずは初回購入フェーズでの顕在リード獲得を目的にスタートし、記事数を増やしていくことをおすすめします。

　日常生活フェーズでは、価値の高いコンテンツを作らなければなりません。それが必ずしも検索しているユーザのニーズと一致しているとは限りません。SEOに向かないコンテンツなら、あえて検索エンジンのことは気にせず、言いたいことを全面に押し出す方針でも問題ないでしょう。またSNSなどで拡散すれば、当該記事へのリンク数が増え、結果的に検索エンジンで上位に表示されることもあります。

　ほかに自社ブログへの集客手段としては、メールマガジンやSNS投稿などがあります。しかしどちらも独立した目的が存在するため、自社ブログへの集客は補助的な効果にすぎません。

　前述の通り、メールマガジンの目的は純粋想起獲得とシグナル検知であり、自社ブログはそのためのネタの1つです。**SNS投稿の目的は、知人界隈との継続接触であり、自社ブログへの集客は副産物**にすぎません。

　自社ブログは、積極的な情報発信媒体というよりは、各種施策の受け皿として機能します。自社ブログだけ運用していても、ほかに積極的な情報発信をしていなければ、誰も訪れない廃墟になってしまうのです。

Chapter 5　まとめ

 約50%の人は営業と会う前に購入を決める。「日常生活フェーズ」のゴールは「信頼」と「純粋想起」の獲得であり、顧客のニーズが顕在化する前から選ばれている状態を目指す

 「日常生活フェーズ」の施策は効果検証が難しいが、数字換算とアンケートによって、無理やりにでもKPI化すればコミットできる

 無駄と本音のコンテンツを作り、新規接触者からは「個人情報」を獲得し、既存接触者からは「信頼」と「純粋想起」を獲得する

 コンテンツで信頼獲得するには、(1) 非常識：自らの正義を持ち「本音」で否定する、(2) 網羅性：徹底的に調べ尽くした情報を公開する、(3) エンタメ性：読んだり見たりして楽しい、の3要素が必要

 書籍は、経営者が魂を込めれば、最強の信頼獲得ツールになる。BtoB企業なら一度はチャレンジするべきである

 ウェビナーは、内職を止めさせるエンタメ性を追求する。商品紹介を最低限にして信頼獲得に集中すれば、結果的に商談が生まれる

 攻めの広報では、まずターゲット媒体と記者を見つけ、Win-Winの関係を作る。新規性と社会性のある情報でメディア掲載を狙う

 ホワイトペーパーは、中身を薄くしてはならない。信頼獲得に足るコンテンツで、個人情報を獲得する

 展示会は、展示業者から顧客リストを買っていると認識すべき。潜在顧客が大半なので、その場で商談せずに名刺獲得に注力する

 メールマガジンは、件名でサービス名を連呼し、純粋想起を獲得する。送信頻度を上げるために、メール本文の内容をあえてサボる

初回購入フェーズ

「商談」と「商品」の障壁を下げる

新規受注は、継続受注や
アップセルよりもずっと難しい

購買プロセスの中で
最もハードルが高い

　「初回購入フェーズ」は、顧客との取引を開始するフェーズです。初回の契約はもちろん、しばらく取引がなかった顧客との再取引スタートもこのフェーズに入ります。

　新規に取引を開始するという障壁は、すべての購買プロセスの中で最も高いハードルです。日常生活フェーズでどれだけ魅力的に見えていたとしても、実際に社内で利用してみなければ、きちんと機能するかどうかの確証はありません。担当者が導入したいと強く願っても、ほかの関係者への説得は困難を極めます。

　一方、一度でも導入したことのあるサービスを継続するのは簡単です。現在も社内で使われているという実績さえあれば、周囲を説得するのも簡単でしょう。あらかじめ予算に組み込んでしまえば、面倒な承認プロセスも簡略化できる可能性もあります。

　さらに追加でほかの商品を購入することも、新規購入に比べればはるかに簡単です。現状利用実績のある会社やサービスがあるなら、まとめてお願いしてしまったほうが楽です。スーパーマーケットのレジ横のお菓子が買われやすいのと同じ原理で、購入を決めているユーザはいともたやすく「ついで買い」をしてしまうのです。

障壁を後ろ倒しにして
小刻みにゴールを設定する

　「初回購入フェーズ」は、購買プロセスという山脈の中で、最も高い山頂を超えるタイミングです。登頂するための秘策は、できる限り障壁を後ろ倒しにすることと、小刻みにゴールを設定することです。

　「障壁を後ろ倒し」にするというのは、初回購入のハードルを下げて、「継続購入フェーズ」にハードルを寄せることを指します。先述の通り、きちんと価値ある商品ならば、新規受注よりも継続受注するほうが簡単です。さらに言えば、継続受注されないような商品はこの世から消滅していく運命にあります。企業側に有利だった高額売り切り商材は年々姿を消していき、顧客側に有利なサブスクリプション型のサービスが台頭してきています。「初回購入ハードル」を下げた分、「継続購入ハードル」は厳しくなりますが、商品価値を高めて乗り越えるしかないのです。

　「小刻みにゴールを設定」するというのは、初回購入までのプロセスを細分化し、それぞれに小さなゴールを作ることを指します。例えば、日常生活フェーズからわずかにニーズが発生しただけのユーザは、いきなり商品紹介の打ち合わせを希望しません。顧客の状態に合わせて、少しずつ受注までのコマを進められるように、いくつかのゴールとルートを用意するのです。

　例えばソフトウェアなどの無形商材であれば、まず「初月トライアル」で契約し、成果を出してから「継続」契約にアップセルするようなゴール設計は典型です。

　ほかにも継続率の高い安価な商品である「有料勉強会」から契約し、信頼を獲得できたタイミングで高額な「コンサルティング」契約にアップセルする方法などもあります。

　はたまた、SFAのように主要製品を契約した顧客に対して、利用ユーザ数を増やしてライセンス課金額を増やしたり、関連ツールであるMAやAIをクロスセルしたりするような方法もあります。

　ハードウェアでも、サンプルやテスト機提供から始めたり、開発計画を

聞き出して一緒に商品を作ったりするようなケースはよくあります。

　初回購入フェーズの成果は、「ハードル設計」に大きく依存します。逆に言えば、ハードル設計を変えずに、既存の枠組みで勝負しても大きな成果は得られません。

　広告の出稿媒体を変える、サイトをリニューアルする、SEOのために記事を書く、新たにウェビナーを開催するなど、施策をどれだけ打ったところで、ハードル設計が同じなら目に見える効果は得られないでしょう。ゴールを決めずに、施策から入ってしまう愚行そのものです。

　例えば、ランディングページ（LP）1つとっても、ハードル設計がすべてです。CV障壁を下げれば、最大でCVRは10倍ほど上がります。一方で、CV障壁を変えずにWebサイトや広告のクリエイティブを全面的に見直しても10％改善すればいいところです。初回購入フェーズは、ハードル設計に始まり、ハードル設計に終わるのです。ほかのことに時間を割く暇などありません。

　ハードル設計を考える手順は、つねに逆算で考えます。(1)商品設計、(2)商談設計、(3) CV設計、(4)集客設計という順になります。それぞれ解説していきましょう（図6-1参照）。

図6-1　ハードル設計を考える手順

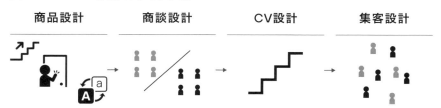

商品設計	商談設計	CV設計	集客設計
初回購入のハードルを下げる商品を設計する。「従量課金商品」「ドアノック商品」「代替商品」の3パターンがある	インサイドセールスが潤滑油になって実施する。新規・過去リストすべてを見渡し、営業に渡すべきリードを選別する	リード数に最も影響する。CVポイントをクローズド・クエスチョンやノウハウ提供にすればCVRが上がり、質は下がる	商品・商談・CVが設計できたあとに初めて集客を検討する。それまで広告、SEO、メールなどの手法を始めてはならない

初回購入ハードルの低い商品を設計する

商品設計でハードルを下げる3つのパターン

ソリューション営業とは「自分を商品にできる」か「商品を作れる」かのどちらかだと解説しました（118ページ参照）。しかしソリューション営業なる人材はユニコーン並みに珍しく、そんな幻獣に頼ることはできません。それならばマーケター自ら、LTVを高める商品を設計するしかないのです。

商品設計と言っても、ゼロからの研究開発や斬新なアイディアはありません。**既存商品を最大限購入してもらえるように、ハードル設計を再定義できれば十分**です。

まずは初回購入ハードルを極力下げなければなりません。継続購入につなげられる範囲で、どこまで初回購入ハードルを下げられるかを検討するのです。

初回購入ハードルを下げる代表的な商品設計には「従量課金商品」「ドアノック商品」「代替商品」の3パターンがあります。

| パターン ① |

従量課金商品

まず「従量課金商品」は、**利用量に応じて料金が上がる商品**です。導入初期などほとんど利用していなければ、ほぼ無料で利用できます。使い慣れてきて利用が進めば進むほど料金が上がっていく仕組みです。

無料に近ければ導入障壁は非常に低くなります。さらに提供者側に利

用促進のインセンティブが働くため、継続購入にもつながりやすいのがメリットです。

　SaaSのライセンス課金、広告運用のマージン課金、システム開発の工数課金などは、典型的な従量課金モデルです。

| パターン ② |

ドアノック商品

　次に「ドアノック商品」は、**クイックウィンで実力を示し、周辺商材にアップセルするきっかけを作る商品**です。その商品を利用することで、顧客に価値を実感させます。さらに原価が安く、在庫も豊富で、手軽に提供できる必要があります。

　そんな完璧な商品ないだろうと思われるかもしれませんが、一方で、単価を上げることが難しいなど、それ単体ではビジネスにならない商品でも構いません。手軽に顧客に価値を実感させることができれば、その商品だけで儲ける必要はないのです。

　例えば、当社の商品「AIアナリスト」は、デジタルマーケティングの改善方針を伝えるサービスです。最初に「ランディングページのファーストビューにCVボタンを置いてください」と提案します。ファーストビューに何もない状態から、CVボタンを置くだけで平均1.5倍はCVRが改善します。「CVボタンを上に置け」と指示するだけですから、原価も在庫も関係ありませんし、ほぼ確実に成果が出るため顧客満足度も高まります。一方で「CVボタンを上に置け」という、簡単すぎる提案を商売にするのはなかなか困難です。こうした**価値は高いものの、お金にはなりづらいものが「ドアノック商品」になりえる**のです。

　一方で、先の見えない「お試し案件」を受けるのはNGです。例えば「AIを使って未来を予測する実証実験をしましょう」といった案件は典型的な「1回で十分」な案件です。一見ドアノック商品に見えなくもないですが、「お試し案件」は成功の定義が曖昧なことが多いため、継続購入につながりづらいことがほとんどです。ドアノック商品を売る場合は、あとからどのよ

図6-2　初回購入ハードルを下げる代表的な商品設計

従量課金商品	ドアノック商品	代替商品
利用量に応じて料金が上がる商品。導入初期などほとんど利用していなければ、ほぼ無料で利用できるため購入障壁が低い。使い慣れてきて利用が進めば進むほど料金が上がる	クイックウィンで実力を示し、周辺商材にアップセルするきっかけを作る商品。原価が安く、在庫も豊富で、手軽に提供できるとなおいい。この商品単体で稼がなくてもいい	現状顧客が利用している商品の代わりにそのまま使える商品。在庫切れ、生産終了、コスト削減などの理由で、今使っている商品を置き換えなければならないときに提案する

うに継続購入につなげるかというシナリオまで用意してからスタートしましょう。

| パターン ③ |

代替商品

　最後に「代替商品」は、**現状顧客が利用している商品の代わりにそのまま使える商品**です。在庫切れ、生産終了、コスト削減などの理由で、今使っている商品を置き換えなければならないときに、まったく同じことができる商品を持っていれば、簡単にリプレイスしてもらえます。

　幅広いラインナップを取りそろえることでも対応できますが、様々な仕様に合わせてカスタマイズする構えがあるだけでも十分です。求める要件を調べている顧客から、カスタマイズ要望をもらえるような窓口があれば、初回取引のハードルを引き下げられます。

　代替商品は、既存の業務フローが整ったところに導入されます。そのため一度導入されれば継続利用される可能性が高く、LTVが低くなる心配はありません。いかに障壁なく導入できるかにすべてがかかっているのです。

製造業で同じ部品を使い続けるケース、業務フローを変えずに基幹システムを入れ替えるケース、老朽化した設備を刷新するケースなどが該当します。攻めの営業にはなりませんが、中長期で顧客と接点を持てば、確実に売上につながる商品設計です。

　マーケターはこれらの3パターンから、自社の既存商品で適応可能なものを選び、顧客にとってハードルの低い見せ方を模索します。そのうえで、継続購入へのシナリオまで用意し、実際に商品を利用し始めるオンボーディングの業務フローを整備するのです。

　上記の答えを導き出すためには、社内のトップ営業に相談したり、次のChapterで紹介する顧客調査からインプットを抽出したりすることが有効です。

　いずれも一朝一夕に答えが出るものではありません。ランディングページの文言を細かく変えたり、SEOの順位に一喜一憂したりしている暇があれば、このようなダイナミックなPDCAに時間を使いたいものです。

　次は初回購入フェーズで、商談を獲得するインサイドセールス業務について解説します。

インサイドセールスが潤滑油に なって商談を設計する

インサイドセールスは 「潤滑油」の役割を果たす

　Chapter4でトップ営業は、見込みの薄い顧客リストをどんどん捨てるというお話をしました（124ページ参照）。顧客リストがたくさんあると錯覚すれば、新規アポイントメントの獲得をサボります。決まらない顧客対応に時間を取られれば、それだけ本命のクライアントに使える時間が減ります。**決まる可能性の低い顧客リストは、営業担当にとっては百害あって一利なし**なのです。

　見込みのわからない顧客リストを集めるのは、とても簡単な仕事です。日常生活フェーズの活動だけでも個人情報だけなら大量に集められるでしょう。しかし、それをすべて営業担当に丸投げしてはいけません。真面目な営業なら過労になっていまいますし、普通の営業なら無視してしまうはずです。マーケティング部門と営業部門の喧嘩の種が増えるばかりです。

　そこで登場するのが「インサイドセールス」という仕事です。**インサイドセールスは、玉石混交の顧客リストから営業担当に渡すべきアポイントメントを選定する「潤滑油」**の役割を果たします。インサイドセールスは、マーケティング部門と営業部門の関係を取り持つ機能を果たすため、新しく組織化する会社も増えており、昨今注目されています。

　「インサイドセールス」は比較的新しい業務のため、様々な定義・役割があります。新規リードに架電してアポイントを取る仕事をしている人もいれば、電話だけで契約まで取る仕事をしている人もいます。

　最近ではリモート会議で営業する「フィールドセールス」もいます。もとも

と、電話やオンライン会議で営業するという意味で使われていた「インサイドセールス」という言葉の定義が曖昧になりつつあります。本書では、**「インサイドセールス」をただオフィスや自宅から営業するという仕事ではなく、商談を設計する「潤滑油」**であると定義しています。

インサイドセールスの最低限の業務は、新規に獲得したリードの状況を、電話やメールを用いて見極めることです。ターゲット企業かどうか、役職や部署は適切か、導入時期は明確か、予算はどの程度あるか、課題や要件はなにかなど、可能な限り情報を取得します。確度が高そうであれば、アポイントメントを取り付け、適切な営業担当に割り振ります。

しかし、インサイドセールスの仕事は、新規リードに電話をしてアポを取るだけではありません。新規リストから過去失注リストまですべてを見渡して、今まさに営業担当に渡すべきリードを発見し、初回購入商品が売りやすいアポイントメントを取り付けるのです。

よくある失敗は、インサイドセールスをただの「電話部隊」と勘違いすることです。チームのKPIを架電数や、質を問わない商談獲得数にしてしまい、営業が望まないアポをたくさん作ってしまうのは最も愚かな行為です。KPIは、最低でも有効商談数に設定しなければなりませんし、そのためには後工程の営業チームとのすり合わせが不可欠です。

メールを始めとする各種顧客接点をフル活用し、MAツールも使って状況を把握し、この顧客は有効商談になりうるかを判断しなければなりません。

MAツールは
インサイドセールスが使うのがベスト

BtoB事業で使う「MAツール」とは、顧客接点のデータから、商談のタイミングを見極めるためのツールです。「マーケティングオートメーション」という名前に騙されてはいけません。このツールは、決してマーケティングを自動化するためのものではありません。むしろ導入することによって、仕

図6-3 インサイドセールスの役割

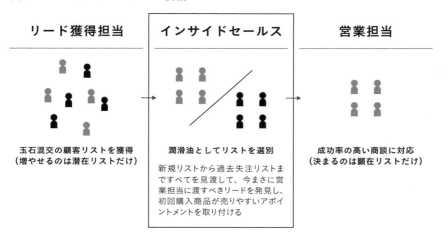

リード獲得担当　　インサイドセールス　　営業担当

玉石混交の顧客リストを獲得
（増やせるのは潜在リストだけ）

潤滑油としてリストを選別

新規リストから過去失注リストまですべてを見渡して、今まさに営業担当に渡すべきリードを発見し、初回購入商品が売りやすいアポイントメントを取り付ける

成功率の高い商談に対応
（決まるのは顕在リストだけ）

事が増えるツールです。

　顧客が「サイトに訪れた」「メールを開封した」「営業が最後に会ってから1か月が過ぎた」などの接点データから、どの顧客に今アプローチすべきかを可視化します。一度Web上で名刺情報を獲得した顧客なら、その後の行動をトラッキングできるという仕組みです。

　日本国内で現在MAツールを使いこなせている企業はほとんどありません。その理由は、営業に興味のないリード獲得担当者がこのツールを使おうとしているからです。繰り返しになりますが、MAツールは商談のタイミングを見極めるためのものです。商談の質に興味がないリード獲得担当者が使える道理がありません。

　リード獲得担当者は、MAツールをメール送信やサイト運用に使います。MAツールには、顧客接点のデータを取るために、メールやサイトを作る機能があります。導入したからにはという理由で、無理やりこうした機能を使おうとしがちです。しかしメール送信なら安価なメール配信ツールで十分ですし、サイト運用なら専門のCMS（Contents Management System：コンテンツ管理システム）のほうが便利です。

MAツールは「潤滑油」であるインサイドセールスが使ってこそ真価を発揮するのです。もしリード獲得担当が使いこなしたいのなら、商談や営業を自分ごと化しなければなりません。

MAツールのスコアだけで
営業担当は動かない

　大半のMAツールには「スコア」という機能があります。顧客接点データから、リードに点数を付ける機能です。サイトに訪れたから10点プラス、ウェビナーを視聴したから20点プラス、上場企業だから15点プラスのようなイメージです。しかし大半の企業はこのスコアを使いこなせず、むしろ翻弄されています。

　それもそのはずで、MAツールから「この顧客は95点なのでアポを取るべきです」と言われても、実際に企業名や役職を見てみたら、あまり脈がなさそうだと思うことも多々あり、納得感が湧かないのです。このスコアという機能は、機械に任せても絶対にうまくいきません。たとえAIによって精度が非常に高くなったとしても、営業担当が納得できなければ機能しないのです。

　スコアは自分でルールを決めて、少しずつ調整していくものです。営業担当との打ち合わせを重ね、品質情報を共有してルールの精度を高めていきます（126ページ参照）。始めのうちはスコアなんて使わなくても、「ターゲット」「検討状況」「部署」などの条件が重なったリードだけアポイントメントを取るといったシンプルなルールでも構いません。

　またスコアを正しくつけるために、インサイドセールスが自ら顧客行動シグナルを取る活動も有効です。顧客にアンケートを投げて回答してもらったり、メールマガジンの「導入キャンペーン」ボタンを押してもらったり、資料請求フォームで「導入意向」を選んでもらったり、品質の高いリードだけを抽出できるようなしかけを用意します。

　そのためインサイドセールスは、しばしばコンテンツ作成業務も担います。

日常生活フェーズのような「面白い」コンテンツとは異なり、「ニーズが顕在化した人を検知する」ためのコンテンツを作るのです。

　顕在ニーズがあるかどうかを、電話でヒアリングしてもいいのですが、それだけだと対応できる数が限られますし、顧客にネガティブな印象を与えるリスクもあります。顧客のニーズが顕在化したタイミングを見逃さないためにも、MAツールの活用は有効なのです。

いきなりメールを自動化しない

　インサイドセールスが送るメールも、初めからMAツールで自動化してはなりません。**初めは手動で送り、反応のいいメールや、正しくスコアを付けられるメールを発見していきます。**

　同じメールを定常的に送りたいと思ったとき、工数削減を目的にMAツールで自動化すればいいのです。まだ正解が見えないうちから、シナリオを大量に作るのはきわめて愚かな行為です。シナリオのうちほとんどは送信者数がきわめて少ないレアケースでしょうし、妄想で作ったシナリオのほとんどが成果につながらないはずです。

　たとえるならば、恋人がいないのに100通りのデートプランをエクセルに書き出しているようなものです。実際にデートに出かけて、本当に楽しかった思い出だけを日記帳に書くような使い方がちょうどいいのです。

インサイドセールスは電話するだけの業務ではない

　インサイドセールスは、営業にいい商談を渡すだけではなく、営業から失注リストを返してもらうのも重要な仕事です。

　前述の通り、営業には顧客リストをどんどん捨ててもらわなければなりません（124ページ参照）。インサイドセールスからすれば、自分の対応できるリストが多ければ多いほど成果につながります。営業は顧客リストを抱えがちなため、それを返してもらうルール作りが不可欠なのです。

　例えば、商談から3か月過ぎたリストや、最終接点から1か月過ぎたリス

トなど、失注する可能性が高いものは営業担当の手を離れて、インサイドセールスの対応顧客になるといったルール作りが有効です。業種によってルールは異なるでしょうが、確実に設計すべきでしょう。

インサイドセールスとは、このような「潤滑油」を担う業務です。架電・MAツール活用・メールなどの制作ができる幅広いスキルセットと、自由な思考で業務を設計できるマインドセットが求められます。

インサイドセールスをただ電話するだけの業務だと勘違いしてしまい、テレアポ業者に外注しているケースをよく見かけます。しかし自分で架電して初めて顧客の反応がわかり、そこから顧客行動を検知するアイディアが浮かんでくることもあるはずです。**本来は、フィールドセールスと双璧をなす、誇り高い業務としてキャリアパスを設計すべき**なのです。

インサイドセールスを
新規で立ち上げるときのポイント

新規にインサイドセールスという役割を作るとき、まずはマーケティング部門内に置くことを推奨しています。マーケティング部門は、自分たちが獲得したリードを営業部門に活用して欲しいと思っています。インサイドセールスの担う潤滑油ミッションと一致するため、相性がいいのです。

一方で営業部門の中に置くと、アポの品質を重視しすぎるあまり、過剰にリードを捨てる方向に傾いてしまいます。さらに優秀なインサイドセールスは、フィールドセールスを兼務させられてしまうリスクがあります。本来はアポの品質を高めることに集中してもらいたいにもかかわらず、その業務がおざなりになり、自らのアポイントメントに時間を使ってしまうのです。

代わりに**少し成績の悪い営業担当がインサイドセールスに配属されるとなれば、それは最悪の人事判断**です。営業成績の悪かった潤滑油のアポイントメントを、誰が受け取りたいと思うでしょうか？　インサイドセールスはフィールドセールスと対等に価値を発揮するという認識を、全社的に持たなければならないのです。

ゆくゆくはインサイドセールス部門が独立するという体制もありえますが、まずはマーケティング部門の1ユニットとしてスタートするのがいいでしょう。またはマーケティング部門に所属する営業経験者が、自分で架電するという兼務体制もおすすめです。アポの品質にまでコミットできるマーケターが増えれば、必然的に売上貢献量は増えていきます。

　この次は、インサイドセールスが取り扱うリードを獲得する方法をご説明します。何よりも最初に取り組まなければならない「CV設計」業務からご紹介します。

リードを獲得するなら
何よりも優先してCVを設計する

「CVR改善」よりも「CV設計」から始める

　リードを獲得する手段には、Web、イベント、郵送物など様々なものがありますが、いずれもまずは「CV設計」から始めるべきです。ここでは、一番主力のリード獲得手段であるデジタル施策を中心に解説していきます。

　デジタルマーケティングの業界では、Webサイトや広告のCVR（Conversion Rate：コンバージョン率）、CPA（Cost Per Acquisition：顧客獲得単価）ばかりを血眼になって追いかけている人たちがいます。

　CVRがわずか10％改善しただけで月面着陸に成功したかのように大喜びするのが業界の慣習です。たしかに、Webサイトのデザインや、広告の運用方針だけを変更してCVRを10％改善させるのはかなり難しいことです。

　しかし、かけた労力の割に、ビジネスへのインパクトは小さいように感じます。**真面目な人ほど、CVRやCPAのわずかな改善のために、全身全霊をかけてしまいますが、少し引いてみれば情熱を注ぐ先がほかにもある**ことに気づくはずです。

CVポイントを変更すれば
簡単に成果が出る

　CVRやCPAを最も大きく改善する施策は、例外なく「CVポイントの変更」です。例えば、CVポイントを「お問い合わせ」から「ホワイトペーパ

図6-4 CVポイント変更によるCVRの改善例

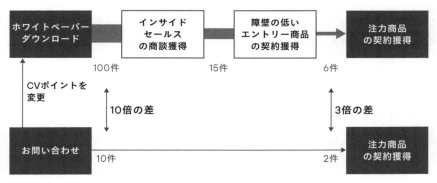

※数字は例です

ーダウンロード」に変えれば、CVRが10倍に改善することすらあります。Webデザインや広告運用だけを変えて10％改善することに比べれば、100倍も数字が動くのです。

　つまりCVRやCPAを細かく改善する前に、CVポイントを設計することが何より優先されるべきなのです。CVポイントを設計せずに、CVRやCPAに命をかけている人を見ると、家を建て替える予定があるのに、室内の雑貨の並び順をミリ単位で調整しているような滑稽さを感じます。

　CVポイントを変更すれば、リードの品質も変化します。例えば「お問い合わせ」という障壁の高いCVポイントからは、今すぐ営業に渡してもいいような顕在リードが少量だけ取れます。一方で「ホワイトペーパーダウンロード」という障壁の低いCVポイントからは、日常生活フェーズの潜在リードが大量に取れます。

　アポを選定する「潤滑油」のインサイドセールスが機能しているなら、リードの品質はどれだけ下げても構いません。インサイドセールスが、その中から顕在ニーズを発見して、営業につないでくれるからです。質より量を優先したほうがいいのです。

　さらに言えばリードの質が低くても、商品設計まで立ち戻って、購入障壁を下げてしまえば難なく購入してもらえる可能性もあります。顧客の購買

プロセス全体を見渡せば、伸びしろの大きい変数がゴロゴロ転がっているのです。

リード獲得という狭い世界だけで戦うことはきわめて非効率です。少し視野を広げて、簡単に成果が出るドライバーをひねるほうが、少しでも人類の進歩に貢献できるというものです。

CVポイントの障壁を高めると
お客様を逃してしまう

またデジタルを始めとしたリード獲得手段の多くは、セルフサービスチャネルです。セルフサービスチャネルにおいて、ユーザは自分が興味のある情報しか見ようとしません。説得によって「リードの質を高める」という施策が妄想に終わることは前述の通りです。

CVポイントの障壁を高めれば、間口が狭まるため、顕在化したユーザだけに絞ることはできます。しかしこれによって、本当はお客様にしたかった一部の顕在化したユーザまで逃してしまいます。

やはりCVポイントは可能な限り障壁を下げて、質よりも量を優先すべきなのです。

CVポイントを選ぶ3つの軸

CVポイントの種類は「個人情報の有無」「サービス紹介の有無」「オープン/クローズド・クエスチョン」の3軸から選びます。

まず「**個人情報の有無**」については、すでに個人情報を持っていれば、会社情報やメールアドレスを取得する必要がないため、CV障壁は非常に低くなります。例えばメールを送って「新規導入キャンペーン中」「新商品サンプルはこちら」というボタンをクリックしてもらえれば、新規購入ニーズが顕在化している可能性が高いと推測できます。わざわざ入力フォームを通過しなくても、ボタンをクリックしただけでCVしたと見なせるでしょう。

図6-5　CVポイントの分類

既存接触者	新規接触者	
個人情報取得なし	**個人情報取得あり**	

	クローズド・クエスチョン	オープン・クエスチョン
サービス紹介あり	資料請求 （CV障壁：中） 例：無料お試し、商品紹介ウェビナー、見積もり、料金表	問い合わせ （CV障壁：高）
サービス紹介なし	ホワイトペーパー （CV障壁：低） 例：ノウハウウェビナー、書籍プレゼント	無料相談 （CV障壁：高）

リンク
クリック
（CV障壁：極低）
例：新規導入キャンペーン、新商品サンプル

個人情報を持っていない場合と比べると、CVRにして少なくとも10倍は差が出ます。それゆえ日常生活フェーズでの個人情報獲得には価値があるのです。

　次に「**サービス紹介の有無**」については、自社の商品やサービスについて紹介するCVは障壁が高くなります。例えば、資料請求、お問い合わせ、見積もり、商品紹介ウェビナーなどのCVポイントです。商品に興味がある人しか反応しないため、顕在ニーズを検知することに使えます。一方でサービス紹介を含まない「ノウハウ提供」型のホワイトペーパーや、キャンペーン＆プレゼントなどは、CV障壁が低く、日常生活フェーズのリード獲得に最適です。

　最後に「**オープン/クローズド・クエスチョン**」は、YES・NOで答えられるクローズド・クエスチョンのCVポイントほど、障壁が低くCVRは高くなります。クローズド・クエスチョンの例は、資料請求、ホワイトペーパーダウ

ンロード、新規導入キャンペーンを見るボタンなどです。逆にオープン・クエスチョンの例は、お問い合わせ、無料相談などで、ユーザ側に能動的な質問を求めるもので、CV障壁が高くなります。

ユーザに「CVの先」を見せるように設計する

このように説明するとCVポイントを、つねに「ホワイトペーパーダウンロード」のような障壁が低いものにすればいいのかと聞かれます。

しかし、じつはそうでもありません。CVポイントがユーザの期待に合っていなければ、むしろCVRが落ちてしまうためです。

例えば、あるサービスのトップページに訪れた人に対して、ノウハウ提供のホワイトペーパーダウンロードというCVポイントは不適切です。サービスのトップページに訪れている以上、そのサービスについて知りたいという期待を持っています。それならば、サービス紹介のある「資料請求」「無料利用」「お見積もり」などが最適なCVポイントになります。

ほかにも費用ページに訪れたユーザには「資料請求」ではなく、「料金表ダウンロード」というCVポイントのほうがいいでしょう。もし同じ資料を送るだけでも、巻末に料金表さえ載っていれば、「料金表」として送るほうがユーザの期待に合っています。

このように**ユーザが期待しているものが、CVの先にあるように見せる「CVポイント」を設計するのが最適解**です。その前提で、できる限り障壁を下げられないかと工夫するのです。

CVポイントの変更とまではいきませんが、**CTA（Call To Action：CVへの誘導）の変更も、CVRに大きく影響します。**少し言葉を言い換えるだけで、CVの障壁が上下するためです。

ハードルを下げる文言の付加は簡単にできる施策の1つです。「無料」「1分でできる」「かんたん」などです。障壁を下げるという狙いで様々な文言を試してみてもいいでしょう。サイトのデザインやメインビジュアルの画像

図6-6 CTAを変更するとCVRに影響する

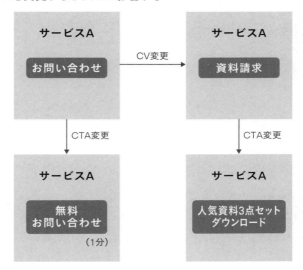

を変えることに比べれば、はるかにコストパフォーマンスのいいPDCAです。文言を少し変えればいいだけなのですから。

　また個人情報を持っているユーザに対しては、この文言1つで顕在ニーズ検知の精度が変わります。これはインサイドセールスの重要な仕事の1つですが、顕在ユーザだけがクリックするように、メールに配置するボタンの文言を微調整するのです。例えば「詳細はこちら」のようなボタンではいろいろな人にクリックされてしまいますが、「新商品○○の詳細はこちら」であれば、新機能に興味を持っている人に限定できるはずです。

Webサイトは説得できない CV直行がつねに正解

ピラミッド型の構造のWebサイトは CVにつながらない

リード獲得で個人情報を取得するにしても、顕在ニーズを検知するにしても、Webサイトは非常に重要な役割を果たします。

Webサイトは何度もご説明している「セルフサービスチャネル」の典型です。ユーザは自分の見たいものしか見ないため、何かを説得することはできません。余計な情報を与えようとすればするほど、離脱を招きます。

顧客の行動を捻じ曲げることはできません。**顧客の期待そのままの情報を提示する流れで、CVに直行してもらうしかない**のです。

例えば、ソフトウェア産業なら、トップページでは「資料ダウンロード」「無料トライアル」「お見積もり」などがいいですし、費用ページでは「お見積もり」「価格表ダウンロード」などがいいでしょう。製造業なら、型番トップページか、データシートダウンロードと同時に「サンプル請求」「テスト機貸出」「在庫確認」などに誘導できます。

Webサイトといえば、ピラミッド型の構造をイメージする人が大半でしょう。トップがあり、一覧ページがあり、詳細ページがあり、それらを回遊していく中で購買意向が高まってCVすると思っている人がいまだにいます。しかし、この捉え方は間違っています。

理想的なサイト構造は「流入元→入口ページ→CV」の集合体です。流入してきた顧客の期待に対して、それぞれのページでCVポイントを用意して誘導します。ページを回遊する必要などなく、流入元ごとに一本道の導線が用意されています。たまたまそれが複数存在しているものを束ね

図6-7 顧客から見たWebサイトの理想形

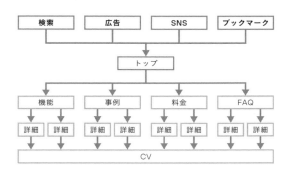

✕ ピラミッド型（従来型）

- ✓ 大半の流入をトップページで受ける
- ✓ サイト内の各ページで顧客の説得を試みる
- ✓ リードの質を優先し、理解促進を狙う

◯ 入口ページの集合体（理想型）

- ✓ 流入別に別々の入口ページで受ける
- ✓ 説得を諦め、障壁の低いCVを複数用意する
- ✓ リードの量を優先し、ゴール直行を狙う

てサイトと呼んでいるだけです。複数の導線が交わる必要はなく、それぞれ完結していて問題ないのです。

このようなサイト構造であれば、サイト全体のデザイン統一など必要ないことがわかるでしょう。サイト全体を俯瞰しているユーザなど存在しません。それにもかかわらず、たまにサイトを細かく見た経営者や、普段から細かいページの改修ばかりしているWebサイト担当者は、とにかくWebサイトのデザインを統一したくて仕方がありません。Webサイトのデザイン統一などという仕事は、完全に「趣味」の領域です。仕事終わりの飲み会を「残業」と称しているのと大差ありません。

唯一、SEOの観点では、ピラミッド型にサイトを整理する意味があります。Webサイトをクロールする検索エンジンのロボットからすれば、カテゴリが整理整頓されたサイトのほうが正しく構造を認識しやすいためです。

検索エンジンのロボットは年々優秀になっており、多少サイト構造が汚くても、問題なく読み取ってくれることがほとんどです。そのため、過度にサイト構造を綺麗にする必要はありません。しかし**狙ったキーワードで上位表示ができていないならば、サイト構造の見直しを検討する余地はある**でしょう。

「顧客の知識量」によって
Webサイトの構造は異なる

Webサイトの構造は、「顧客の知識量」によって異なります。

顧客の知識量が少ない「ソフトウェア」において、顧客は何を見て判断すればいいかがわかりません。資料請求など「これだけ見ていれば大丈夫だよ」という雰囲気のCVさえあれば、簡単に誘導できます。Webサイトには製品情報を細かく掲載する必要がなく、トップページやランディングページ（LP）からフォームに直行させるだけでWebサイトが完成します。

顧客の知識量が多い「ハードウェア」において、顧客は自分のこだわりで情報を探索します。型番を絞り込む前に、トップページから強引にCVへ誘導しようとしても流れてくれません。自分が希望する仕様を選択し、

図6-8　顧客の知識量によって異なるWebサイトの構造

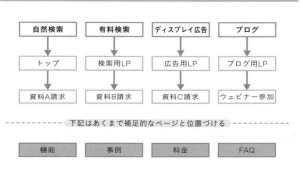

顧客の知識量が少ない事業
（主にソフトウェア事業）

自然検索	有料検索	ディスプレイ広告	ブログ
トップ	検索用LP	広告用LP	ブログ用LP
資料A請求	資料B請求	資料C請求	ウェビナー参加

- - - - - - - - - 下記はあくまで補足的なページと位置づける - - - - - - - - -

| 機能 | 事例 | 料金 | FAQ |

✓ 顧客は何を見て判断すればよいかわからない

✓ 「これだけ見れば大丈夫」というCVに誘導

✓ 流入別のLPがあれば、詳細ページは不要

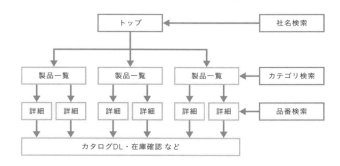

顧客の知識量が多い事業
（主にハードウェア事業）

トップ ← 社名検索

製品一覧　製品一覧　製品一覧 ← カテゴリ検索

詳細　詳細　詳細　詳細　詳細　詳細 ← 品番検索

カタログDL・在庫確認 など

✓ 顧客は自分のこだわりで情報を探索する

✓ 目的の商品を見つけるまでCV誘導できない

✓ 検索から下位ページに入るため、詳細ページが必要

型番を見つけてデータシートをダウンロードするという顧客行動は阻害できません。それゆえWebサイトも、商品検索機能、型番詳細ページ、データシートダウンロードの3点セットが不可欠です。データシート閲覧後に、購買のシグナルを検知できる各種リンクに誘導してインサイドセールスにつなげるのです。

　後者の「ハードウェア」のサイトは、一見ピラミッド型のサイト構造に見えるかもしれません。たしかに「商品一覧」と「商品詳細」が必要なサイトではあります。しかし顧客によっては、検索エンジンからいきなり商品詳細ページに入ってくることもあります。顧客はサイト全体を見渡すようなことはなく、あくまで目的の型番を見つけてデータシートをダウンロードしたいだけであり、これは「流入元→入口ページ→CV」の集合体と捉えるべきなのです。

重要なのはファーストビューの「CTA」と「ページ見出し」だけ

　Webサイトで成果に影響がある領域は、ファーストビュー（＝ブラウザに最初に表示されるページ上部）だけです。**ファーストビュー下部の要素を変えたところで、CVRには微塵も影響を及ぼしません。**

　ファーストビューで重要な要素は「CTA」と「ページ見出し」だけです。「CTA」は前述の通り、CV障壁そのものであり、CVRには当然影響します。またフォームへの誘導ボタンを置くよりも、フォームそのものを一部でも露出してしまったほうがCVRは高くなります。スペースの調整は必要ですが、フォームを露出したほうがCVRは1.5倍近くまで高くなります。

　「ページ見出し」は、流入時にユーザが最初に見るテキストです。流入時の期待を満たすページであることを明示しなければなりません。広告バナーや検索エンジンに表示されていた文言が、流入先のページに書かれていなかったら間違ったサイトに入ってしまったかもしれないと思うでしょう。これでは直帰率が悪化します。

　この2つ以外に、WebサイトのCVRを改善する施策はほとんどありませ

図6-9 ランディングページ（LP）のベストプラクティス

縦長LPのCVRは高くない

縦ピクセル数とCVR

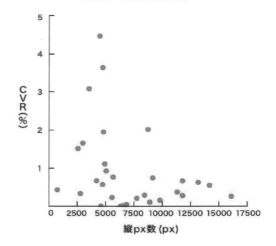

※トップページから直帰したユーザーについては検証から除いている。
出所：WACUL AIアナリスト登録データ

ファーストビュー完結に見えるとCVRが高い

ファーストビューで完結しているか否かによるCVR平均の差

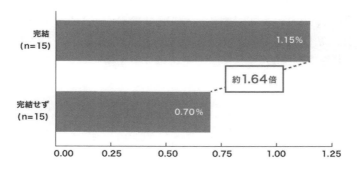

出所：WACUL AIアナリスト登録データ

ん。CVRのいいページへ誘導したり、CVRの悪いページへの誘導を削ったり、細かいPDCAによって10%程度の改善は期待できます。しかしBtoBマーケティング全体から見ればわずかな改善にすぎません。最終調整程度に考えればいいでしょう。

「Webサイト改善」「ABテスト」よりも
大切なこと

　世の中には、勤勉にWebサイトを細かく改善し続けている人たちがいます。そういう人ほど「Webサイトを頑張って改善しているのに、効果があったかどうかわからなくて困っている」と相談してくるのです。

　私に言わせれば、効果がわからないような改善は、効果が出ていないのと同じです。ファーストビューの見出しとCTA以外を細かくいじったところで、目に見えた改善など出るわけがないのです。

　もちろん上司からはWebサイトを改善せよとオーダーされ、さらにその上司から改善した結果を報告せよと言われているわけですから、本当にかわいそうです。そんな改善はしなくてOKですし、もし改善したとしても効果検証などしなくていいのです。本当に大きく効果が出る施策なら、毎日CV数とCVRを見ているだけですぐ気づくはずです。

　ABテスト中毒者も同じです。ABテストを繰り返すことが仕事になっていますから、成果が出ても出なくても細かくPDCAを回し続けます。そんなことをするくらいなら、**CVポイントの障壁設計、インサイドセールスの商談設計、初回購入ハードルを下げる商品設計など、売上に直接効果がある仕事をすべきですし、何よりそのほうが仕事を楽しめます。**

入力フォームは簡単なだけでなく簡単そうに見せる

入力フォームのUIでCVRが変わる

　Webサイトで個人情報を取得するには、入力フォームを用います。入力フォームのUIは、少なからずCVRに影響を及ぼします。

　フォームのUIを改善するためには、「流入時のフィードバックが明確」「入力が簡単」「離脱要因がない」「エラーリカバリーが容易」の4つを突き詰める必要があります。

　まず**「流入時のフィードバックが明確」とは、フォームに入る前にクリックしたボタンと、フォームに入った後のページ上部の「見出し」が一致している状態**を指します。

　運用する中で、CTAの種類も、フォームの種類も、どんどん増えていきます。するとCTAボタンとフォームの見出しが一致しないケースが出てきます。「無料トライアル」というボタンを押したのに、「資料請求」フォームが出てくるといったことは日常茶飯事でしょう。

　同様に、最初の入力項目に違和感がある場合も離脱を招きます。例えば、ホワイトペーパーダウンロードのフォームにもかかわらず、いきなりサービスへの興味度合いなどを聞かれればギョッとするでしょう。

　細かな指摘に見えるかもしれませんが、フォームに入ってからすぐ離脱する要因になるため注意が必要です。

　次に**「入力が簡単」とは、入力しなければならない項目が少なく、さらに入力に困る難しい項目がない状態**です。ここではそれだけに留まらず、入力が「簡単そうに見える」状態までを目指します。

「簡単そうに見える」とは、フォームに遷移してきたときに、パッと見て「これならすぐ入力が終わりそう」と思わせるデザインを実現することです。多くのユーザは、入力フォームに遷移しても、すぐ入力を開始するわけではありません。フォーム全体を見渡して、どのくらい面倒か見極めてから、入力するかどうかを判断します。そのため、パッと見て簡単そうであることが、フォーム通過率に大きく影響するのです。

フォームを簡単そうに見せるには、まずステップを1ページに集約することです。入力が複数ページにわかれていたり、個人情報取り扱いの同意だけで1ページ使っていたり、ページ遷移を挟めば挟むほど面倒に見えるため、通過率は落ちていきます。

次に、入力ページの縦幅を圧縮することです。ファーストビューに「送信ボタン」が見えるほどに圧縮できれば、フォーム通過率は劇的に改善します。縦幅を圧縮するためには、一部の入力項目を最初は非表示にしておいたり、入力項目同士のマージンを詰めたり、注記事項をモーダルやアコーディオンの中に入れたり、様々な工夫を凝らすことができます。

3つ目の**「離脱要因がない」とは、フォームから外部に出たくなる要因を排除するということ**です。

わかりやすい要素で言えば、ページ上部のグローバルナビゲーションは削除すべきです。左上のロゴからトップページへ緊急脱出できるようにさえしていれば、グローバルナビゲーションは不要です。

また入力中にわからないことが発生すれば、調べたくなって外部に離脱します。専門用語や社内用語は徹底的に排除します。サービスのプラン名を選ばせるような入力項目は最低です。多くの場合、プランを簡単な説明だけで選ぶことは不可能です。フォームから離脱して、サービス詳細まで調べに行き、そのまま一生フォームには戻ってきません。

4つ目の**「エラーリカバリーが容易」とは、エラーが発生したときに、発生箇所、発生原因、修正方法の3つが一目瞭然にわかる状態**です。

ひどいフォームになるほど、さも入力を間違えたユーザが悪いかのように

図6-10　通過率の高い入力フォームの特徴

1

流入時のフィードバックが明確
フォームに入る前にクリックしたボタンと、フォームに入ったあとのページ上部の「見出し」が一致している

2

入力が簡単（簡単そうに見える）
入力しなければならない項目が少なく、さらに入力に困る難しい項目がない。さらに入力が「簡単そうに見える」状態が望ましい

3

離脱要因がない
フォームから外部に出たくなる要因が一切ない。グローバールナビゲーションの削除、検索して調べたくなる専門用語・社内用語の排除などが必要

4

エラーリカバリーが容易
エラーが発生したときに、発生箇所、発生原因、修正方法の3つが一目瞭然にわかる

「メールアドレスが間違っています」というようなエラーを返します。**エラーが発生するのは、入力フォームがわかりづらいからであって、入力したユーザのせいではありません。**ユーザに敬意を払い、申し訳ない気持ちで修正方法をアドバイスするくらいの姿勢が欲しいところです。

　まずエラーが発生したら、フォーム上部でエラーの全体像をフィードバックします。さらに該当する入力項目のエリアを赤く表示し、エラー原因と修正方法まで丁寧に返します。例えば「メールアドレスに全角の＠が含まれています。半角英数字のみで入力してください」のようなイメージです。

入力項目は最低限にして
完了ページで追加情報を取得する

　フォームは入力項目を減らせば減らすほど通過率は上がります。しかし必要な情報まで削減してしまうと、顕在ニーズの検知ができません。**インサイドセールス視点で必要な項目は積極的に取得すべき**です。

また**入力ページの項目は最低限にしたうえで、完了ページで追加の情報を取得する手法も有効**です。個人情報の数を最大化したうえで、顕在ニーズまで把握できます。

　フォームの完了ページは、ユーザのタスクが完了したタイミングであり、心にすきができる瞬間です。何かをリコメンドしたり、追加でお願いしたりしやすいタイミングです。追加のアンケートなどを依頼しても3〜5割程度のユーザが快く引き受けてくれます。

　ほかにも、完了ページはいろいろなことに使えます。資料請求フォームだとすれば、追加で面談希望日程を調整することもできます。インサイドセールスが連絡する手間を省き、顕在ユーザを自動的に抽出できます。

　また資料請求後に電話をすると「まだ資料を見ていない」とすぐ断られることがよくあります。そういう場合は、資料請求完了ページに、強制的に資料を見せる「スライド」を埋め込んでしまいます。そうすれば資料を見ていないという理由で、電話直後に断られる確率が劇的に下がります。

図6-11　フォームの完了ページに置きたい項目例

アンケート	日程調整ボタン	資料のスライドショー
追加のアンケートなどを依頼しても3~5割程度のユーザが快く引き受けてくれる。インサイドセールスがリード選別に活用できる	インサイドセールスの空き日程を表示し、ウェブ会議の予定を登録してもらう。アポ獲得の手間がなく、歩留まり率も高い	資料請求直後に架電して「まだ資料を見ていない」と断られることへの対策。資料のスライドショーを強制的に見せることで断り文句を防ぐ

デジタル広告は
AIと共存できる体制を作る

デジタル広告は3媒体×3メニューで
十分な企業がほとんど

Webサイトとフォームが完成して、初めてそこに人を集める広告施策に着手できます。さらに言えば、商品設計、商談設計、CV設計の前に、デジタル広告を出そうものなら、確実に失敗します。LTVやCVRのドライバーをいじらずにCPAだけ調整することは無意味です。ここまでの準備があって、ようやく集客施策に頭を使えるのです。

国内向けのBtoB事業ではGoogle、Yahoo!、Facebookなどの運用型広告を用いるのが一般的です。主に用いるメニューとしては、検索エンジンで特定のキーワードを検索したときに出るリスティング広告、Webサイトに一度訪れたユーザに出すリターゲティング広告、過去にCVしたユーザと似ているとAIが判断したユーザに出す類似ターゲティング広告の3つです。

費用対効果に問題がなく、キャッシュフローに余裕があれば、際限なく広告を出稿してもいいでしょう。しかしこのどちらかの制約により、上述の3媒体×3メニューだけで十分という企業がほとんどです。

これらの運用型広告は、オークション形式で運用されます。単純に言えば、単価を高く設定した企業の広告ほどたくさん表示されます。

従来は、キーワード別や、ターゲット別に、手動で細かく予算を調整して、費用対効果を追求してきました。しかし昨今はAI技術の進化により、手動で調整するよりも、AIに任せて自動調整するほうが、最適解にたどりつきやすくなっています。

手動で運用していた時代のように細かく設定しすぎると、データが細切れになってしまい、いつまで経ってもAIの学習が進みません。これからの時代は、できる限り大雑把にくくって、AIの学習速度を速めるような、AIと協業する運用スキルが求められるのです。

AIに任せるべき運用、人間がやるべき仕事

　AIに運用を任せる以上、できる限り自由に最適化させます。リスティングなら人間では想像がつかないキーワードまでどんどん拡張してもらうために、部分一致やフレーズ一致という方式をとります。一方で、まったく関係ないキーワードにも出稿してしまうため、そういうものだけ目視で除外設定をかけていきます。**機械に拡張させて、人間が取り締まるという分業**です。

　各社このように機械に任せる運用を始めると、意図せずお互いの社名やサービス名のキーワードにまで出稿し合うようになります。Googleなど媒体側は、広告費用をたくさん使って欲しいため、CVしやすい競合の社名・サービス名にどんどん広げていきます。競合同士が紳士協定で、お互いの社名・サービス名を除外設定することはできますが、網羅的な設定はできません。結果的に、自社の社名・サービス名は、100％出し切らなければ損をするという時代になっています。

　AIに運用を任せる時代でも、クリエイティブ作成はまだ人間の仕事として残っています。しかし**どのバナーを配信するかはAIに任せます。**

　ディスプレイ広告で同じバナー画像を使い続けていると、次第に成果が落ちていきます。同じ人に同じ画像を出し続けているのですから、反応が落ちるのは当たり前です。定期的に新しいバナーを追加して、リフレッシュしなければなりません。どのバナー画像を誰に配信するかはAIの自動最適化に任せましょう。学習が進まないほど多く追加しない限りは、最適化がかかります。

バナーを追加するときは、遷移先のランディングページとそのCV設計も見直す必要があります。バナーをクリックして、まったく訴求の異なるランディングページが表示されたのでは、即座に離脱されてしまいます。こうした細かい運用も広告の成果に影響するのです。

　このように、精度の高い広告運用の体制はどのように作ればいいのでしょうか？　まず前提として、**広告媒体、広告代理店、広告主の３者はどこまでいっても利害が一致しない**ということを理解しなければなりません。

　広告媒体側は、自社の中で広告費を使って欲しいと考えています。Googleとしては、Yahoo!に予算配分するくらいなら、少しでも自社で広告を使って欲しいという思想で最適化をかけます。これは複数媒体を使い分けて最適化を図りたい、という広告主の利害と一致しません。

　広告代理店側は、全体の広告費用を最大化したいと考えています。広告費用の20％をマージンとしてもらい受けるビジネスモデルだからです。極端な話、CV数が増えても増えなくても、広告費用さえ増えれば粗利を獲得できます。もちろん広告主との中長期の関係性を考えれば、そんなにセルフィッシュな運用はできません。しかし広告主の利害とは一致しない構造になっていることは否めません。

インハウス化のデメリット

　こうした状況を打破するため、広告主は外部に委託せずにインハウス(自社)で広告を運用しようと考えがちです。そうすれば代理店にマージンを取られないし、自社にもナレッジが貯まるし、いい事尽くしのようにも見えます。しかしインハウスには別の問題があるのです。

　まず**インハウス化すると、外部の情報が入りづらく、最新のアルゴリズムにキャッチアップできなくなります**。GoogleもFacebookもまだまだ広告運用のAIを改善し続けています。日々運用方法を調整していかなければ、効率は悪化していきます。複数のアカウントを運用している広告代理店であれば、これらの変化に気づけますが、インハウスで１アカウントしか見て

いない人ではなかなか真相に気づけません。

　さらにインハウス化したとはいえ、**担当者が転職すればナレッジはゼロクリアされます。**デジタル人材の希少価値は年々高まっており、広告を少し運用できるだけでも引く手あまたという状況です。転職のたびにアカウントを再構成するようでは、安定的な運用はできないでしょう。

　最後に、運用の実作業はかなり定型的なものです。日々アカウントを設計して慣れている広告代理店担当者ならばすぐにできる作業でも、めったにアカウントを触らないインハウス担当者からすれば、非常に時間のかかる作業になってしまいます。

　このようにインハウス化にもデメリットがあるため、広告運用の体制は慎重に決めざるをえません。**広告費用が小さく成果への影響が小さいなら、すべて広告代理店にまかせてしまうのも正解**でしょう。

　インハウス化するのであれば、マーケティングの部長・課長クラスが広告運用の戦略をしっかり理解したうえで、広告の最新知見に精通している外部コンサルタントを頼る体制をおすすめします。そのうえで、運用の設定作業は、固定のフィーで外部に委託してしまえばいいでしょう。

SEOは検索ニーズを読み取り
CV直行を狙う

「検索の上位表示」＝「Googleのお墨付き」

　日常生活フェーズでも書いた通り、日本のSEOはGoogleにだけ対応していれば大半の検索シェアを取れます。まずキーワードを決め、実際に検索してみてユーザニーズを探り、最後にコンテンツを作成するという手順も先述した通りです。

　SEOを開始する前に、まず投資対効果があるかを見極めます。なぜなら広告とは違い、初期投資を始めてから成果が出るまでに1〜2年のタイムラグがあるためです。検索で上位に出るということは、専門性が高く、ユーザに紹介するにふさわしいとGoogleが認めたということです。Googleのお墨付きをもらうまでには、一定以上のページ数と、一定期間の運用実績が必要です。だからこそ、あらかじめSEOに初期投資する価値があるのかどうかをチェックしたほうが安心なのです。**チェックした結果、あえてSEOには取り組まないという判断も十分ありえます。**

リード獲得見込みを試算する

　まず顕在ニーズの顧客が検索しそうなキーワードを洗い出し、すべて上位表示できた場合のリード獲得見込みを試算します。キーワード別に毎月の検索回数を教えてくれるツールはいろいろあります。ツールによる精度の差はありますが、初期試算段階ではそんな細かいことは気にしなくてもいいでしょう。

　検索結果ページで1位に表示された場合のクリック率は10％前後です。そのうえで**記事訪問後のCVRは高くて0.5％〜1％程度**でしょう。月間

500回検索されるキーワードなら、年間で500回×12か月×クリック率10％×CVR0.5％で、3件のCV数を見込めます。これを100ページ分作れば年間300件のCVを獲得できます。あとはコストとのバランスを見て意思決定すればいいでしょう。

このとき、日常生活フェーズのユーザを狙うようなキーワードは極力候補に入れないようにします。CV障壁を下げれば、CVまでは誘導できますが、アポイントメント数で見て費用対効果が合いづらくなります。もし潜在ユーザまで狙うなら、別枠で獲得単価を計算するといいでしょう。

業種によっては、狙いたいキーワードが全然見つからなかったり、競合が強すぎて上位表示できる可能性を見いだせなかったりするケースもあります。**試算段階で費用対効果が合わないなら、SEOは潔く諦めるべきで**しょう。

キーワード別に対策方針を考える

試算結果からGOサインが出れば、次はキーワード別に、対策方針を考えます。

実際にキーワードで検索し、上位に表示されるページを分析してユーザニーズを探ります。Googleは、検索したユーザに最も役立つものから順に並べるというポリシーを持っています。ここから検索しているユーザの期待を想像していくのです。

上位に記事系のページが多い場合、ユーザは勉強したいというニーズを持っています。上位ページで解説している内容は網羅しつつ、よりわかりやすく、より独自性のある情報を提供できれば上位に表示されます。また同じようなテーマの記事を多数掲載しているサイトは、それだけでも専門性が高いと評価されて上位に表示されやすくなります。

一方で**上位に商品系のページが多い場合、ユーザは商品情報を探しています。**部品のスペックを検索して、製造業メーカーの商品一覧ページが上位表示されるケースなどが該当します。この場合、部品種類の多さや網羅性が評価されるため、小手先での上位表示は困難です。Google

図6-12　記事SEOの業務フロー

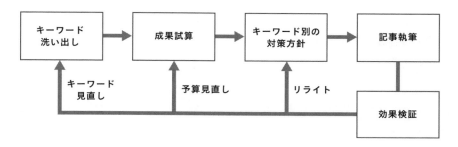

にとって読み取りやすいWebサイトにするなど、多少の工夫はできます。しかし競合に対して、商品種類の数で負けている場合は、焼け石に水でしょう。

ユーザの期待に応える記事を書く

　SEO目的で記事を書くときは、徹頭徹尾、検索しているユーザの期待に応えなければなりません。逆に、**企業側が発信したい情報を、書けば書くほど順位が落ちていきます。**

　以前、あるシステムインテグレーターのクライアントが、「AIで1位を取りたい。そのために当社の先進技術をしっかり書きたい」と要求してきました。しかし「AI」で検索して上位に出てくるページは、「AIとは何か?」という超初心者向けの記事ばかりです。このキーワードを検索するユーザの多くは「AI」がなにかもわからない素人であり、先進技術などにはまったく興味がありません。ましてそのシステムインテグレーターの技術力には、道端の雑草ほどの興味もわかないのです。

　よくメディア出身者などが「ジャーナリズム」を振りかざしてSEOを否定しています。大衆に迎合したコンテンツでは、真に気づきを与えることはできないなどと主張します。しかしSEOの世界では、ユーザの期待に応えなければ順位が上がらないため、何を書こうともユーザの目に触れることさえ許されないのです。**言いたいことがあるなら、まずはユーザの期待**

に応えてからというのがSEOのマナーです。

つねにCV直行を狙う

　次にSEO記事で重要なのは、つねにCV直行を狙うことです。SEOで上位表示される記事は、良くも悪くもユーザの期待通りのものです。日常生活フェーズの「非常識」や「エンタメ性」を追求したものではないため、ユーザの記憶には残りづらく、親切なだけの記事として忘れ去られます。

　よくSEO記事からCVが取れない言い訳として、普段から記事を見ていれば、いつか製品ページにたどりついて問い合わせしてくれるという妄言を聞かされます。いくつかのサイトで、実際に記事を見たユーザが戻ってきているか分析したことがありますが、そのような結果は一度も見たことがありません。

　便利なだけの記事を見たあと、そのサイトのドメインやロゴを見て、感謝の念を抱くようなユーザはいません。理解したらその部分だけ持ち帰って、あとのことは忘れ去ります。それゆえ、SEO記事からは何が何でもCV直行を狙わなければならないのです。

　CV直行に一番効くのは、記事冒頭の青字下線リンクです。記事の文中から、製品やサービスに誘導します。こうした製品への誘導が成立するキーワードを選んであらかじめおかなければなりません。

　ほかにも記事中の青字下線リンク、文末の誘導リンク、読了後のモーダルリンクなど、いくつか誘導枠を設けます。どうしてもCVRが悪ければ、CV障壁を下げ、日常生活フェーズのユーザ獲得用の記事に格下げします。

　また記事を書いたあとも、効果検証を続けます。順位が上がらなければ再度上位のページを分析してリライトします。順位は高いが流入が少なければ、記事タイトルを見直してクリック率を改善します。順位が高く、流入数も多いがCVしない場合は、CVへの誘導リンクや、CV障壁を見直します。

毎月、記事別の順位・訪問数・CV数などをウォッチし、リライト対象を決めていきます。更新頻度が低いと順位が落ちるケースもあるため、徐々に順位が低下しているものなども見逃さないようにしましょう。

　余談ですが、キーワード選びの際に、上位に表示されるページは、広告掲載対象にもなります。個人運営のものも法人運営のものもありますが、問い合わせフォームから広告掲載を依頼してみてもいいでしょう。例えば、デジタルマーケティング業界では「LISKUL」「LIGブログ」「ferret」などの媒体がSEOに強く、SEOを狙った広告掲載も可能です。

メールの記号や煽りを避けて
ビジネスマナーを守る

各種連絡手段の特性を把握して
メールを活用する

　日常生活フェーズでは、純粋想起獲得のためにメールが不可欠だとご説明しました。初回購入フェーズでも、メールは「顕在ニーズ」検知のために必須の手段です。

　インサイドセールスの解説でも、営業につなぐアポの見極めにメールを使うと解説しましたが、ここではその具体的な手法をご説明します。

　メールは数ある連絡手段の1つにすぎません。デジタルではメール・SMS・LINE・各種 SNS の DM などがあり、郵送物ではハガキ・封書などがあり、それに加えて電話があります。

　コストでは、デジタル＞郵送物＞電話の順に高くなっていきます。 連絡が届いたときの反応率の高さは、一般的にこの逆で、電話＞郵送物＞デジタルとなります。

　もう1つ重要な視点が、顧客に連絡したときにネガティブな反応が出やすいかどうかです。先述の通り、メールは顧客との距離感が遠く、ネガティブな反応はきわめて起こりづらい媒体です。それに対して、電話、LINE はネガティブな反応が起こりやすく、相対的にハガキや封書はネガティブな反応が起こりづらい傾向があります。

　こうした媒体特性を理解すれば、メールが最も多くのシーンで使えることがわかります。コストがかからず、ネガティブな反応を起こさないためです。潜在ニーズのユーザまで幅広く定期的に送付し、ニーズの顕在化を検知できます。

図6-13　連絡手段の特性

		デジタル			郵送		人的対応
連絡手段		メール	LINE	SMS	ハガキ	封書	電話
コスト目安		無料	無料〜5円	3円〜/1通	50〜100円/1通	100円〜/1通	300円〜/1回
接触時のアポ率		低	低	低	中	中	高
ネガ反応		小	中	中	小	小	高
狙う顧客		全顧客	BtoBでは活用しづらい		重点顧客		HOT顧客

　ほかの手段は、メールを送っても反応がないユーザに対して使用します。顧客リストの中で特に重要ターゲットであったり、過去に見込みが高かったり、優先度の高い顧客には少しずつコストのかかる手段を試していきます。まずはネガティブの少ない郵送物がおすすめです。例えば、役職者宛てに手書きのハガキを送付するという施策は昔からあります。良し悪しの判断は必要ですが、手書きのハガキを一斉送信できるような外注業者もあります。

　緊急度が高い場合は電話も用います。ニーズの顕在化を検知して、メールで連絡したものの反応がない場合は架電するというアプローチもありえるでしょう。電話の理由は明確にしなければネガティブにつながるため注意は必要です。

　メールは、個人情報を持っている顧客に連絡する際のベースになる手段です。ほかの連絡手段は、メールで連絡がつかない場合の補完にすぎないのです。

　メールは内容をサボって送信頻度を上げるべきだという定石は、すでに

解説済みのため割愛します。簡単におさらいすると、本文はファーストビューに使いまわしのネタを掲載するだけにして工数を削減し、その代わり頻度を上げるべきだという提言でした。

メールのクリエイティブで重要な要素は「送信者名」「タイトル」「本文ファーストビュー」の3点だけです。基本的な設計思想は、送信者名とタイトルで興味を引き、その興味がある内容の詳細情報を見るためにCTAボタンを押してもらうという、わずか3秒ほどの体験をスムーズにするだけです。「送信者名→タイトル→本文見出し→本文CTA」の流れに、違和感が一切なく、スムーズにつながっていればいいのです。

メールタイトルは「事務的」なものでいい

まず送信者名とタイトルで興味を引くには「事務的」であることが必須要件です。みなさんもいかにもメールマガジンだとわかるものは視界にすら入っていないでしょう。例えば、「ポイント5倍!!★★1/1限定☆☆ゴールド会員限定でポイント15倍も!!今すぐメールを開封!!」みたいなタイトルのメールは、よほど好きなブランドもない限り絶対開封しないはずです。興味を引こうとしすぎるあまり、宣伝色が強くなりすぎて、かえって目立たなくなっています。

一方で、仕事や知人からのメールは確実に開封するはずです。そのためメールで興味を引くためには、仕事や知人から送られてきたものと同じように、「事務的」な件名にすべきです。

「事務的」の具体的な要件は「過剰に記号を使わない」「文字数を減らし簡潔にする」「文頭で用件がわかる」というものです。要するに、基本的なビジネスマナーを守ればいいだけです。もし先ほどのタイトルを直すとすれば、「お正月はポイントが5倍です」となります。

同様の理由で**「送信者名」は、法人名よりも個人名のほうが開封率は高くなります。**「株式会社WACUL」「お客様サポート」「support@wacul.co.jp」などの社名や部署名より、「垣内」「垣内勇威」「垣内（WACUL）」の個人名のほうが開封率は5〜10ポイントほどよくなります。

本文上部に
タイトルとまったく同じ文言を入れる

　次に本文については、前述の通りファーストビュー以外は一切関係ありません。**工数をかけたくないなら、タイトルとまったく同じ文言を、本文上部の見出しに入れるだけでいい**でしょう。タイトルと同じものが、本文にも表示されたことをユーザにフィードバックします。

　そのうえで、**タイトルの詳細情報であることを明示するCTAボタンをファーストビュー内に置きます**。先ほどの「お正月はポイントが5倍です」というタイトルなら、CTAボタンは「ポイント5倍の商品一覧」などになるでしょう。顕在ニーズを検知する目的であれば、顕在ユーザだけがクリックするようなCTAを設置します。

　ファーストビューは上記の見出しとCTA以外は置きません。ほかの要素を置けば、重要要素が目立たなくなりますし、不必要なスクロールを誘発します。特に置くものがなければ余白を増やすだけでも構いません。

　ここまで送信者名・タイトル・本文を作成したら、必ず自分宛てに送信し、どのように表示されるか確認しましょう。PCやスマートフォンの実機で見ると、予想外にわかりづらい点などが見つかります。

顧客セグメント別に
メールを送る必要がない理由

　メールについて、細かく顧客をセグメントして多種多様なメールを送るべきだと考えている人がいます。しかし、それは「労多くして実りなし」の典型施策です。

　なぜなら**セグメントを細かくすればするほど、送信対象者数が減り、効果も限定的になる**からです。メールの種類が少なければ少ないほど、送信コストが下がり、送信頻度を上げられるのです。メールは1通のクオリティにこだわるより、送信数を増やしたほうが成果に直結するのはこれまでお伝えした通りです。

図6-14　メール作成時のチェックリスト

送信者・タイトル
□ 送信者を漢字の「姓のみ」or「姓＋名」にする（例：垣内、垣内勇威）
□ メールボックスだけで純粋想起を獲得できるように、タイトルまたは送信者名に社名やサービス名を入れる
□ タイトルを20文字前後にする（メールクライアントによってはファーストビューを圧迫するため）
□ タイトルは個人同士のメールに似せる（宣伝色が強すぎると開封されない）

本文
□ ファーストビューのCTAは「タイトルの詳細内容」にする（タイトルから一貫した文脈を作る）
□ ファーストビューに最も誘導したいページへのリンクを張る（HTMLならボタン、テキストなら青字下線リンク）
□ リンクはHOT度を検知できる文言にする
□ 工数削減のため、同一テンプレートを使い回す（ていねいに作り込んでも成果影響は小さい）
□ 固定でカテゴリ一覧リンクをフッターに入れることでクリック率を高める

図6-15　WACULのメールテンプレート

タイトルと本文ファーストビューが一貫した流れになっている。このタイトル、本文ファーストビュー以外はほぼ変更しない

セグメントを分けるとすれば「ニーズ顕在度」と「製品カテゴリ」の2軸だけで十分です。「ニーズ顕在度」の軸は、潜在ユーザには「ノウハウ」を、顕在ユーザには「製品情報」をという使い分けです。さらに顕在ユーザに1か月製品情報を送り続けて反応がなければ、潜在ユーザに戻すなどの運用が必要です。

「製品カテゴリ」の軸は、ユーザが興味のある製品に絞ってメールを送るというものです。例えば「会計ソフト」を資料請求したユーザが経理部門の人だとすれば、その後「人事ソフト」のメールを送り続けては迷惑でしょう。配信解除やクレームにもつながります。ただしその人が管理責任者であれば、そのあと「人事」関連のノウハウをクリックする可能性もあり、そういう場合は両方のメールを送っても構いません。純粋想起を獲得するうえでも、製品カテゴリ別にメールを送ることを推奨します。

ウェビナーは「顕在ニーズの検知」か「商品紹介の効率化」が目的

目的が曖昧になりがちなウェビナー

　初回購入フェーズで実施するウェビナーの目的は「顕在ニーズの検知」または「商品紹介の効率化」です。

　顕在ニーズの検知を目的とする場合、商材に近いテーマでノウハウや事例を紹介するウェビナーを企画します。冒頭から終盤までをかけて、視聴した顧客にアンケートを依頼し、顕在ニーズの有無を探ります。

　類似テーマの企業と共催することで、お互いのハウスリストをシェア・刺激しあうことも有効です。

　人数は、50名〜150名くらいを目指すのが一般的でしょう。

　商品紹介の効率化を目的とする場合、営業につなぐには見込みが薄いものの、ニーズが顕在化している顧客を集めて、商品紹介を行ないます。

　本当に効率化を狙うなら、登壇部分は収録済みの動画にしてしまい、質疑応答のみ担当者がつくような効率化も可能です。少人数なら、途中で視聴者への問いかけを挟むことで、最終的なアンケート回答率を高める工夫も有効です。

　人数は10名程度でも、営業リソースを削減できるならば問題ありません。

　ウェビナーを開催するならば、上記のように明確な目的・目標を掲げるべきなのは言うまでもありません。しかし、世の中のウェビナーはこうした目的が曖昧なまま開催されているのが実情です。

販売代理のアライアンスは
現場営業に黙殺されて失敗する

「現場の営業担当に旨味がない」施策

BtoB商材を扱っていれば、代理販売したいという会社が必ず出てきます。しかし多くの場合は、アライアンスの協業契約を締結し、提携のニュースリリースを出した後は、1つも売ってくれずに終わります。

社長同士の雑なコミュニケーションなどからよく協業話に派生しますが、このようなアライアンスごっこは時間の無駄でしかありません。失敗する原因の大半は「現場の営業担当に旨味がない」からです。

アライアンスの話が上がっているなら、販売代理店側の主力商品とセットにすることで、相互に連携できそうなイメージがあるはずです。しかし現場の営業担当からすれば、既存のオペレーションを変えてまで売るインセンティブがなければ、ただ黙殺するだけです。

数少ない代理販売が成功するパターンは、「販売手数料が非常に大きい」ケースです。今まで売っていた商品よりも稼げて、営業も難しくない商品なら現場レベルでの行動変革が可能です。

ほかにもレアケースですが「一切の労力なく売れる」場合や、「ほかに選択肢がない」場合など、現場の行動は変えなくても、消極的に売れるケースもあります。

自社の営業担当の行動を変えるだけでも難しいのに、他社の営業担当の行動を変えるなど、人を操る念能力でもない限り不可能です。<u>アライアンスで勝負するなら、商材を磨き込み、破格のインセンティブをつけるしかない</u>のです。

Chapter 6 まとめ

 新規受注は、継続受注やアップセルよりもずっと難しい。そのため購入障壁を後ろ倒しにして、小刻みにゴールを設定する

 ハードル設計を考える手順は (1) 商品設計、(2) 商談設計、(3) CV 設計、(4) 集客設計の4ステップである

 商品設計で、初回購入ハードルを下げる方法は「従量課金商品」「ドアノック商品」「代替商品」の3パターンがある

 商談設計は、インサイドセールスが潤滑油になって実施する。新規・過去リストすべてを見渡し、営業に渡すべきリードを選別する

 CV 設計がリード数に最も影響する。CV ポイントをクローズド・クエスチョンやノウハウ提供にすればCVRが上がり、質は下がる

 Webサイトは、説得ができない。ファーストビューからのCV直行がつねに正解である。ゆえにピラミッド型のサイト構造は必要ない

 入力フォームは「流入時のフィードバックが明確」「入力が簡単＆簡単そうに見える」「離脱要因がない」の3要素を満たすべき

 デジタル広告は、人間が運用するよりも、AIに任せたほうがいい。AIに自由に最適化させ、人間が取り締まるという分業にする

 SEOは、言いたいことを書くのではなく、検索ニーズを読み取って書く。検索ユーザは再訪しないため、訪問直後でのCV直行を狙う

 メールは、「送信者名→タイトル→本文見出し→本文CTA」の流れをスムーズにする。本文CTAより下のコンテンツは必要ない

Chapter 7

継続購入フェーズ

LTVトリガーを定性調査で見極める

マーケターなら商品そのものを
磨いて「LTV」を最大化せよ

LTVを最大化することのメリット

　継続購入フェーズは、購入後のお客様に商品・サービスを提供し、LTV（Life Time Value ＝ライフタイムバリュー：顧客生涯価値）の最大化を狙うフェーズです。LTVは継続期間×単価に分解できますので、「利用促進」と「アップセル」がこのフェーズの論点です。

　LTVが伸びれば、1顧客当たりに使えるプロモーション費用を増やせます。1顧客当たりの獲得単価を、競合よりも高く設定できるなら、市場を独占することもできるでしょう。

　例えば、月額10万円で12か月使ってくれるサービスA（LTVは120万円）と、月額30万円で24か月使ってくれるサービスB（LTVは720万円）が、リスティング広告で同じキーワードを狙っていたとします。当然、LTV720万円のサービスBのほうが入札単価を上げられますので、キーワード検索結果での掲載順位は、サービスBのほうが上に出ます。

　さらに継続購入フェーズを磨き上げて、「利用促進」や「アップセル」がスムーズになれば、「初回購入フェーズ」で最初に売る商品をライトな「お試し品」にすることもできます。購入障壁の低い「お試し品」を販売するだけならば、営業人材に求めるスキルセットのレベルを引き下げられます。

　「継続購入フェーズ」のLTVは、ビジネスの規模を決める最重要KPIだと言えるでしょう。

図7-1　LTVが伸びればプロモーション費用を増やせる

サービスA	サービスB
LTV 120万円	LTV 720万円
（10万円/月×12か月）	（30万円/月×24か月）
✓プロモーション予算：低	✓プロモーション予算：高

「サービス」や「製品」の
利用体験と向き合う

　LTVを高めるために向き合わなければならないのは、言うまでもなく「サービス」や「製品」の利用体験そのものです。国内のBtoBマーケターにこの話をすると、「サービス」や「製品」そのものについては自分の責任範囲外ですと言われることが大半です。しかしそのような**責任範囲に囚われず、サービスや製品にまで口出しできれば、「初回購入フェーズ」や「日常生活フェーズ」の勝負も含めて成功確率は格段に上がります。**

　「製品」に口を出さずにマーケティングで勝負するというのは、スーパーのお惣菜を買ってきて、綺麗に盛り付けるだけで、料理コンテストに挑むようなものです。相当にハードな縛りゲームを自分に課していることだと認識すべきです。

　「サービス」や「製品」と言っても、世の中を驚かせるエポックメイキングな商品を作ってくださいと要求しているわけではありません。iPhoneやスーパーカブを作ってくださいと言っているわけではないのです。**顧客のニーズに合わせて、既存商品の利用体験を少しカスタマイズするだけでも可能性は大きく広がります。**

　例えば、購入直後のサポートを拡充して、定着率を高めるようなサービス改善でも構いません。または追加発注を簡略化する業務フローの改善でも構いません。製品開発のエンジニアや、生産工場とコミュニケーションが必要なケースもあるでしょう。しかしその手間をかけてでも、顧客体験をスムーズにできれば、LTVは大幅に改善します。

「定性ユーザ行動観察調査」をすれば
改善点が見つかる

　いきなり商品の利用体験を改善せよと言われても、何から着手すれば
いいかわからない人も多いのではないでしょうか？

　そんな人にまずおすすめしたいのは、**既存顧客への「定性ユーザ行動
観察調査」**です。わずか5名程度に1時間ずつインタビューするだけで、
改善点が山のように見つかります。**顧客が商品と出会い、購入し、利用し、
リピートするまでの「ストーリー」と「心理変化」が明らかになり、LTVを
高めるためのトリガーが明らかになります。**

　継続購入フェーズは、各社独自に製品を磨き込む必要があるため、こ
れだけやっていればいいという施策の定石がありません。しかし「定性ユー
ザ行動観察調査」によってLTVトリガーを明らかにするというプロセスの
定石であれば、誰でも実践可能だと考えています。

　Chapter2で紹介した「行動観察ショー」とこのChapterで紹介する「定
性ユーザ行動観察調査」は同じものです。前者は組織調整（社内関係者を
見学に巻き込むこと）に重きを置き、後者はインプットそのものに重きを置い
ているため表現を変えています。

顧客体験改善のため「定性ユーザ行動観察調査」を実施する

なぜ「定性ユーザ行動観察調査」がおすすめなのか?

「定性ユーザ行動観察調査」とは1対1で行なうインタビュー調査の一種です。質問者(モデレーター)から、回答者(被験者)に対してヒアリングを実施します。

必要に応じて、被験者に商品やWebサイトなどを利用してもらい、その行動を観察します。具体的な進め方は後述しますが、ここではインタビュー手法の1つとご理解いただければ大丈夫です。

図7-2 定性ユーザ行動観察調査とは?

- ✓ 被験者1名を、モデレーター1名が調査する。リモート・対面のどちらでも見学者同席のうえ実施可能
- ✓ 意見ではなく「行動」を観察・ヒアリングし、カスタマージャーニーや心理変化を把握(人間は意見・感想を正確に言語化できないため、行動のみが唯一の事実データ)
- ※5名程度の調査で、行動パターンは収束していく。定量アンケートと組み合わせれば、多人数の調査は不要

この継続購入フェーズにおいて、マーケターに調査の実施を特にすすめる理由は大きく3つあります。

　1つ目の理由は、**施策の後戻りが難しいため**です。商品・サービスそのもの、既存顧客向けのWebサイトやシステム、発注・請求といった顧客管理フローなど、このフェーズの改善施策は特にコストが大きくなります。改善要件を決める前に、顧客の解像度を高め、成功確率を高めるべきです。多額のコストをかけて作りあげたガラクタが使い物にならず、廃棄処分になることを防げるなら、事前の調査コストなど安い出費です。

　2つ目の理由は、**過剰なおもてなしを削減するため**です。このフェーズ以降、お客様とは長くお付き合いをしていかなければなりません。わずかなコストだとしても、長期にわたって継続発生すれば、利益構造を圧迫します。LTVに貢献しない過剰なおもてなしは、極力排除していかなければなりません。しかし思い込みで「顧客視点」を追求しようとすれば、本当は誰も喜んでいない「無駄なおもてなし」ばかりを提供してしまいます。一度始めてしまったサービスを停止するのは非常に困難です。顧客調査はこうした不毛な業務をやめさせることにも貢献します。

　3つ目の理由は、**顧客の体験設計が、比較的コントローラブルなため**です。一度購入を決めた顧客は、多かれ少なからずその商品を「きちんと使おう」と努力してくれます。日常生活フェーズや初回購入フェーズの顧客は、一瞬の勝負で興味を惹かなければなりませんでした。一方で継続購入フェーズの顧客は、じっくり説明して利用を促すことができるのです。そのため顧客調査に基づく緻密な体験設計が有効なのです。

　日常生活フェーズや初回購入フェーズでも、定性ユーザ行動観察は有効です。余力があれば取り組むべきですが、まずは継続購入フェーズで実施することをおすすめします。

定性調査が先、定量調査はあと

　次に、「なぜ定性調査なのか？　定量調査ではなぜ駄目なのか？」とい

図7-3　継続購入フェーズで定性調査を勧める理由

1

施策の後戻りが難しいため

商品・サービスそのもの、既存顧客向けのWebサイトやシステム、発注・請求などの顧客管理フローなど、このフェーズの改善施策は特にコストが大きい

2

過剰なおもてなしが増えやすい

お客様とは長くお付き合いをしていかなければならない。わずかなコストだとしても、長期にわたって継続発生すれば、利益構造を圧迫する

3

顧客の体験設計がコントローラブルなため

一度購入を決めた顧客は、多かれ少なからずその商品を「きちんと使おう」と努力してくれる。じっくり説明することで、緻密な体験設計が活かされる

う問いにお答えします。

　結論から言えば、定量調査のほうが難しいからです。みなさんも定量調査のレポートを見て、「で？　これは何が言いたいのかな？」と思った記憶はないでしょうか？　「30代男性が多いです」「サポート満足度は5点満点中4.3点です」「よく使われる機能はXXです」などと言われても、何ひとつアクションにつながらないと思った経験はないでしょうか？

　定量調査を使いこなすためには、明快な「仮説」が必要です。あらかじめ証明したいことがあり、それを裏付けるために行なうのが定量調査です。漠然と何か見つかるだろうくらいのスタンスで実施したところで、得られるものは一切ありません。

　もちろん経験豊富なリサーチャーと、仮説豊富なマーケターが組めば有意義な定量調査を実施できます。しかし、そんなドリームチームが結成されることはほとんどありません。世界では今日も、「で？」と思われるだけの定量調査レポートが量産されているのです。

　一方の**定性調査は、極端に言えば仮説がなくても豊富な発見点が得られます。**定量アンケートではわからない、顧客一人ひとりのストーリーが

わかるからです。もちろん経験豊富なモデレーターが調査したほうがいいのは間違いないのですが、調査初心者でもある程度のインプットを得られるのが魅力です。

　もし**定量調査を実施したいのならば、定性調査の後にするべき**です。定性調査を実施すれば、N数（サンプル数）は少なくとも、証明したい仮説が大量に出てくるはずです。これらの定量性を担保するために、あとから定量調査にかけるのです。

　定性ユーザ行動観察調査の目的は、「既存顧客のカスタマージャーニー把握」と「新規施策のプロトタイプ検証」の2種類しかありません。
　「既存顧客のカスタマージャーニー把握」は、今のお客様がどのような経緯で自社製品に出会い、購入し、継続利用しているかという歴史をひもとく調査です。このストーリーの中で、ポジティブな体験とネガティブな体験を明らかにしていくのです。特に購買や継続に貢献した体験をLTVトリガーとして抽出し、製品・サービスの改善に活かします。
　「新規施策のプロトタイプ検証」は、Webサイトや製品そのものなどの改善案を用意し、顧客に実際に使ってみてもらうことで、ポジティブな点とネガティブな点を明らかにする調査です。実際に製品やシステムを開発しなくても、紙芝居レベルのプロトタイプで顧客受容性を判断できます。

　それぞれについて、具体的な実施方法を解説していきます。「組織の定石」のChapterでも簡単に進め方を解説していたため（68ページ参照）、少し重複はありますが改めて具体的な方法をご説明します。

定性ユーザ行動観察調査を
簡単に実践する方法

既存顧客にインタビューして
カスタマージャーニーを把握する

　はじめは「既存顧客のカスタマージャーニーを把握する」という目的で調査を実施することをおすすめします。カスタマージャーニーとは、顧客が製品・サービスと出会い、名前を覚え、比較検討し、初めて購入し、リピート購入して、ファンになっていくといった道筋を旅にたとえた概念です。調査ではロイヤル顧客になるまでの歴史と、その過程でのポジティブ＆ネガティブ体験を明らかにします。

　最初にインタビューすべき対象者（被験者）は、できるだけロイヤルティ（愛着・信頼度）の高い顧客です。累計購入金額が大きい、購入期間が長いなどの特徴を持つ顧客です。ロイヤルティの高い顧客は、商品との出会い、初回の購入、継続の購入など、商品と関わってきた歴史が長いため、調査で得られるインプットが豊富です。逆に、まだ購入していない顧客に何かを聞いても、すべて想像上の回答になってしまうため、インプットが限られます。特に仮説が乏しい状況なら、必ずロイヤルティの高い顧客を集めてください。

　ロイヤルティの高い顧客は、自社顧客リストから集めるのが一般的です。販売管理システムなどから顧客の購入状況がわかるなら、ロイヤルティの高い顧客を狙い撃ちにしてインタビューを依頼します。購入状況がわからないなら、予備調査としてアンケートを依頼し、過去の購入経験などを把握したうえで、適切な被験者を選定します。アンケートは無料のシステムがいくらでもありますので、誰でも気軽に実施可能でしょう。

　細かい話ですが、インタビューの謝礼は5000円ほどあれば、十分な人

数の被験者を確保できます。アンケートを実施する場合、自社会員リストであれば特にインセンティブがなくとも、一定数の回答が集まります。自社顧客リストがない場合は、一般リサーチパネルを用いますが、10万円前後で被験者を集められます。

　被験者を選ぶ際は、今後の改善プロジェクトにかかわるメンバーに事前に確認するといいでしょう。調査が終わったあとに、「この被験者はターゲットじゃない」「この被験者は特殊なので参考にならない」とケチを付けられては意味がありません。必ずリストアップ段階で、営業や開発現場を巻き込んでください。

　被験者の人数は、意外に少なくても構いません。**5名も話を聞けば傾向が見えてくる**ものですし、10名も聞けば皆同じことを言うので飽きてくるものです。よく年齢性別や商材別に、何十人も調査したいと言われますが、はっきり言って時間とコストの無駄です。私の経験上、属性に少しばかり差異があっても、商品と出会い、購入し、リピートするまでのLTVトリガーに差はありません。

　まずは5〜10名ほど調査し、あまりに多様な顧客行動が観測され、これでは人数が足りないと思ったなら、そのとき初めて追加調査を行なえばいいでしょう。もっともそんなことはほとんどありません。

できる限り多くの関係者を招待する

　インタビューはリモートで実施できます。事前にオンライン会議システムのURLを被験者に送り、当日に備えます。これもまた細かい話ですが、当日キャンセルを防ぐために、前日に確認の電話を入れるのがおすすめです。

　オンライン会議システムには、被験者に加えて、インタビューを担当するモデレーターが入ります。さらにできる限り多くの関係者をオンライン会議システムに招待してしまいます。マーケター、営業担当、製品開発担当、生産担当、経営者など、想像しうる限りの関係者を招き、全員ミュート・カ

メラオフでオンライン会議システムに入ってもらいます。

　リアルな顧客の発言や行動を目の前で見れば、関係者に共通の課題意識が芽生えます。自社製品を買ってくれた理由、競合製品に浮気してしまった理由、購買検討時のWebサイト閲覧行動などを目の当たりにすれば、嫌でも関係者の目線が揃います。机上の空論でプロダクトについて語っていた関係者を一同に集め、事実を白日の下に晒すことで、そのあとの改善プロジェクトが格段にスムーズになります。定性ユーザ行動観察調査はエンタメ性が高いため、関係者をがっかりさせる心配はほとんどありません。一度でも視聴したことがある担当者は、この調査を見るのが癖になって、毎回見に来てしまうことがあるほどです。遠慮せずできるだけ多くの関係者を巻き込みましょう。

　また**大勢の参加者がいたとしても、被験者はそれほど気にしません**。最初に「一緒にインタビュー内容をまとめる人が入っていますが、特に気にしないでください」とお伝えすれば、それ以降ほとんど気にもとめません。

　参加が難しい担当者に向けて、インタビューを録画することも欠かせません。録画の許可は、可能ならばインタビュー依頼時に済ませてしまいます。録画したデータが外部に流出することはなく、安全な方法で管理されることを保障したうえで、録画の許諾をもらう契約書を準備します。オンライン契約システムなどを使って、事前に締結してしまいましょう。

　調査を開始したら、被験者に簡単な進め方を説明します。

　まず**伝えるべきことは、忖度なく率直な意見が欲しいということ**です。企業の担当者からインタビューしている状況で、直接ネガティブな意見を言うのは気が引けます。「ネガティブな意見ほど勉強になるため、気兼ねなくお伝えいただきたい」と強めに依頼しましょう。

　同時に被験者の緊張を解くことも意識します。リモートでの調査は、対面での調査に比べれば、被験者があまり緊張しません。それほど意識する必要はありませんが、モデレーターは被験者をリラックスさせるために、軽い雑談や笑顔などを見せることをおすすめします。また特殊なことを依頼することはなく、これまでの経験や普段通りの振る舞いを見せてもらえ

れば、それだけで非常に役に立つと改めて伝えることも緊張を解く鍵になります。

インタビューでは
時系列で商品との関わりを聞く

　ようやくインタビューが始まったら、被験者が思い出しやすいように、時系列で商品との関わりを質問していきます。いつの話を聞いているのかを具体的に示さなければ、曖昧な回答が返ってきてしまいます。**初めて知った時点、初めて購入した時点、初めて利用した時点、継続購入した時点、単価を上げた時点、最近購入した時点、最近の買い方になるまでの転換点など時系列で振り返ります。**

　それぞれの時系列で把握しなければならない事項は、「①どのように情報収集したか？」「②どのような意思決定フローで購入したか？」「③利用時の経緯と満足・不満足は？」の3点です。加えて、なぜそのような結果になったか、理由も深掘りしていきます。

　つねにLTVを伸ばすトリガーが何かを突き止めようと意識します。「どうすれば単価が上がるか？　どうすれば解約されないか？　どうすればリピートしてくれるか？　どうすれば大きな満足を得られるか？」などを洗い出します。

「HOW」を聞いてはいけない理由

　インタビュー時の注意点は、「意見」は無視して、「事実」のみを抽出することです。 5W1Hで言えば「HOW（どういう施策がいいか？）」を聞いてはなりません。

　なぜなら被験者は、施策立案のプロでもなんでもありません。「こうしたら売れるだろう」「私は買わないけどこうしたら喜ぶ人がいるかもしれない」など、一切聞く耳を持ってはなりません。聞きたいのは、その被験者が過去に経験した「事実」のみです。

被験者が商品のヘビーユーザであれば、普段利用しているときに発生した「不満足」を聞くことは有効です。しかし、その不満足への「改善方針」を鵜呑みにしてはいけません。

　もう1つの注意点は、できるだけ「バイアス」をかけないことです。例えば質問するときに、YES・NOだけで回答できる「クローズド・クエスチョン」を用いすぎると、回答結果を捻じ曲げることにつながります。

　この商品を買ったのは「価格が安かったからですか?」などと聞くと、ほかに脳裏によぎった理由があっても、「はい」とだけ答えられて終わってしまう可能性があります。まずはできる限り「オープン・クエスチョン」で質問します。被験者が回答に窮したり、特に知りたい検証項目があったりするときだけ「クローズド・クエスチョン」を用います。

　バイアスをかけないようにするために、被験者が知っているかわからない「商品名」「選定軸」「機能」などを、モデレーターの口から発することは避けます。最初に被験者から発言を引き出し、その言葉を用いて深掘りしていきます。被験者が間違った商品名を記憶していれば、その間違った商品名を使って会話するくらいのスタンスが理想です。どうしても聞いてみたいことがあれば、バイアスをかけてもあとのインプットに影響がないように、調査の終盤でヒアリングします。

深掘りしたい顧客接点では
目の前で利用してもらう

　ここまでのヒアリングに加えて、認知→購入→利用の中で、特に深掘りしたい顧客接点がある場合、当時の状況を思い出して目の前で利用してもらいます。これが「行動観察」という調査名の意味するところです。

　Webサイト、会員向けシステム、郵送物など、UI設計のいかんで購入や利用を促進できる接点は詳細に行動パターンと課題を把握しておくといいでしょう。

　まず当時の状況をできるだけ細かく思い出してもらいます。どんなときに、

何がきっかけで、何を目的に、その顧客接点に触れたのかをヒアリングします。状況が曖昧なまま操作させると、当時とまったく違う行動になってしまいます。

Webサイトなどのデジタル媒体を操作する際は、オンライン会議システムの画面共有をお願いします。操作している間は「一人の世界」に入ってもらい、無言で黙々と使ってもらいます。その間、モデレーターはメモを取ります。「何を見ているのか?」「どのようなことを考えていそうか?」「予想外の行動はないか?」などをメモしていきます。

操作が終わったタイミングで、最初の操作から時系列で振り返りながら、気になるポイントをヒアリングしていきます。このときも、最初から時系列で質問しなければ、被験者が操作した経緯を思い出せないことがあるため、特に聞きたいことがなくても、最初から順を追って一緒に操作を思い出していきます。

「新規施策のプロトタイプ検証」も
行動観察する

もう1つの調査目的である「新規施策のプロトタイプ検証」も同じく行動観察を実施します。ここでいうプロトタイプとは、新プラン、新機能、新規コンテンツなどの有効性を確認するために、できる限り具体的に作られた試作品のことです。新規施策案をイメージできるならば、紙に書いた手書きの図でも、PowerPointで作ったポンチ絵でも構いません。

ユーザが操作する新機能などのプロトタイプであれば、ユーザがクリックしたい場所をモデレーターに伝え、モデレーターが手動で次の紙を見せるといったアナログな対応で体験を再現します。

プロトタイプ検証で一番難しいのは、「自然な状況設定」です。改善案を使う状況をリアルに設定できなければ、正しい検証ができません。一番自然な状況設定は、過去に行動したことか、今まさに行動したいことを、その場で見せてもらうことです。しかし過去の経験もなく、現在のニーズも存在しない場合がやっかいです。

偶然メールマガジンや広告で見て興味を持ってくれるなら、その状況から利用してもらいます。それでも興味を持たない場合は、同僚などにすすめられたとして利用してもらいます。しかし「同僚からすすめる」という状況は、利用を促進するバイアスがかかってしまうため本来望ましくありません。できる限り自然に利用してもらえる状況を探る部分だけは、インタビューのスキルに依存してしまいます。

　それでも確実に言えることは、インタビューしないよりはマシだということです。このフェーズでの調査は欠かさず実施することをおすすめします。

購入直後に最も手厚いサポートで信頼を獲得する

購入直後の「オンボーディング」を意識する

　定性ユーザ行動観察調査を実施したうえで特に重要な論点になるのは、購入直後の「信頼獲得」です。ここでいう信頼は、購入前に期待していた価値が、しっかりと提供されることによって醸成されます。

　購入直後は、初回購入フェーズでの信頼はありつつも、それと同時に顧客の中で「期待値」が最高潮に達したタイミングでもあります。購入直後のコミュニケーションでこの「期待値」を下回れば、一瞬でLTV増大を見込めなくなります。**継続購入フェーズで、最初にして最大の難関は、購入直後の「オンボーディング**（新規利用者の定着）**」なのです。**

　SaaSなどサブスクリプション型商材なら、継続期間やチャーンレート（解約率）は必須のKPIになるため、購入直後の「オンボーディング」にも意識がいきやすくなります。

　一方で、中小企業向けの製造業やパッケージシステム業など、単価の低い都度購入型商材ではこのオンボーディングの意識が薄く、継続購入のチャンスを逃している可能性があります。

　購入直後から信頼を失えば、LTVが伸びないのみならず、サービス提供に余分なコストを支払うことになります。顧客からの信頼を失うと、普通なら気にならないような細かいことまで次々に指摘が入ります。不安になると、何から何まで気になってしまい、マイクロマネジメントしたくなるという心理によるものです。

　逆に最初から信頼を獲得してしまえば、多少の失敗は許されますし、少しくらい手を抜いていたとしても気づかれません。最終的なゴールだけ達

成すれば満足していただけるような信頼関係を築くべきです。

　そのため、購入直後は最も手厚くサポートすべきタイミングです。このタイミングでの人的サポート投入は、これ以降のどのタイミングよりもコストパフォーマンスに優れています。

「期待値」を超え続けることで
LTVを最大化する

　購入直後の信頼獲得では「期待値のすり合わせ」が欠かせません。初回購入フェーズから引き継いだ時に、まず顧客とすり合わせるべきなのは、「最終的に目指すゴールは？　その手前でまず達成したい中間ゴールは？」「ゴール達成にいたるマイルストーンは？」「実現のためのスケジュールは？」などの期待値です。

　可能なら初回購入フェーズからこの期待値をすり合わせながら商品を販売すべきです。ただ顧客の期待値は、社内外の影響によって時々刻々と変化します。購入直後、その時点での認識を改めてすり合わせておかなければ、リスクを抱えたまま進むことになります。

　仮に期待値が実現不可能なものであれば、なるべく早く期待値を下げなければなりません。**期待値が高いことを認識しながらも、見てみないふりをしていれば遅かれ早かれLTVはそれ以上には伸びなくなる**でしょう。継続購入フェーズは、顧客の期待値をコントロールし、わずかにでも期待値を超え続けることで、LTVを最大化していく営みなのです。

ゴールの理想は
「コスト減少」か「売上増加」

　多くの場合、顧客自身も達成したいゴールが曖昧なまま商品を購入しています。何かよくわからない夢のような幻想を抱いており、期待値だけが高まっているケースも少なくありません。商品を販売した側がゴールを必ず言語化し、マイルストーンを設計しなければなりません。

ゴールの種類は「コスト減少」か「売上増加」が理想ですが、次点として「利用者数増加」「オピニオンユーザの満足」「新奇性のある事例創出」も中間ゴールとしては成立する可能性があります。

　「コスト減少」は「売上増加」に比べて、スピーディかつ容易なことが多い傾向にあります。余計な業務フローを削減する、安価なものに変更するなど、既存業務を一部変更するだけで実現できるため、初期の信頼獲得にはもってこいのゴール設定です。

　例えば、私がコンサルティングでマーケティング業務のコストを削減する際は、使っていないシステムを解約する、成果に影響のないクリエイティブ作成業務をやめる、CVの出ていない広告を止めるなどが手っ取り早い施策になります。コスト削減施策は、試しに1か月やめてみて、成果が落ちなければ成功なのです。成功確率は非常に高く、信頼獲得につながります。

　「売上増加」は相対的に難易度の高いゴールです。初めから売上を増やすというゴールを目指すと、時間がかかりすぎて信頼を失うケースも多いでしょう。売上に連動する中間ゴールを設定し、まずはその指標を伸ばすという期待値を設定すべきです。

　また**「売上増加」を目指すなら、「質」ではなく「量」で勝負できる手段から始める**べきです。マーケティング業務で言えば、メールマガジンは「量」を増やせば売上が増える手段ですが、ランディングページは「質」がよくないと売上が増えない手段です。「質」に依存する手段は、サービス提供者側のスキルや、顧客側の社内調整力など、様々な要因によってデグレードする可能性があります。中長期でチャレンジする分には構いませんが、購入直後は確実に信頼を取りたいため、「量」の手段を選ぶべきです。

　短期での「コスト削減」も「売上増加」も見込みづらい場合は、中間ゴールとしてほかのゴールを設定します。

　「利用者数増加」は、文字通り商品を利用している人数を増やして実績を作ります。「オピニオンユーザの満足」は、社内でも一目置かれている

人物に商品を使ってもらい、満足度の高さを表明してもらいます。「新奇性のある事例創出」は、社内でまだ事例のない新しい取り組みであることを誇示する方法です。

　いずれも短期的な説明責任は果たせますが、中長期ではコスト削減や売上増加につなげていかなければ、LTV が伸び悩むでしょう。

スケジュール通りに進むこと自体が信頼につながる

　最終ゴールと中間ゴールを定めたなら、そこにたどりつくまでのマイルストーンと、スケジュールを設計します。

　予定を決めて、その予定通りに進むこと自体が信頼につながります。逆に言えば、きちんと進んでいるかどうかわからないと、少しでも不安に思わせれば信頼を失います。**顧客が不安に思う前に、先手で進捗状況を報告するだけでいい**のです。

　もし顧客から催促されたり、進捗を確認されたりすることがあれば、報告タイミングがワンテンポ遅れていることを意味します。現状の進捗報告タイミングを2週間程度早めて対応すべきでしょう。

　無事ゴールを達成したタイミングでは、商品を選んでよかったということをしっかり「追認」させます。プロジェクト担当者のみならず、意思決定者や決裁権者も同席してもらい、商品がもたらした価値と、達成したゴールを報告します。可能ならゴール達成を事例としてインタビューし、セミナーにも登壇してもらうことで、「追認」をより強固なものにします。ここまできてようやく初期の信頼獲得が盤石なものになります。

　このあとも、時間とともに期待値のズレが生じますし、ちょっとしたアクシデントで信頼関係にヒビが入ります。次からは、多少の事件ではLTVを損なわないような仕組みづくりと、顧客のシグナルを検知する仕組みづくりについて解説していきます。

「続ける理由」と「従量課金」で
LTVを最大化する

永続はない前提で
「続ける仕組み」を考える

　LTVは「利用期間」×「単価」に分解できます。利用期間を伸ばすためには「続ける理由」を作る必要があり、単価を伸ばすためには「従量課金（利用量に応じて料金が上がる仕組み）」での課金システムを構築する必要があります。

　これらの仕組みが強固であればあるほど、長いお付き合いの中で一時的に信頼を失ったとしても、LTVを損なわずにすむのです。

　理想的な「続ける理由」は、その商品が唯一無二の存在だからでしょう。必要不可欠な商品で代えがきかなければ、続けるしかありません。しかしそんな都合のいい商品はほとんどありません。一時的に唯一無二の存在でも、市場が大きければすぐに代替商品が生まれてきます。唯一無二の価値を生み出すことは人類の進歩にも貢献するすばらしい業績ですが、永続することはない前提で「続ける仕組み」を考えなければなりません。

続ける理由の大半は
「ほかに変更するのが面倒だから」

　BtoB商材において、続ける理由の大半は、ほかに変更するのが「面倒」だからというのが現実です。人間は怠惰ですし、特別な理由がない限り余計な仕事はしたくないものです。よほど革新的な新サービスを導入したいとでも思わない限り、現状を維持したいものです。現状維持でいいと思

図7-4 「ほかに変更するのが面倒だから」という続ける理由

1 複数の部署で使っている

複数部署、複数の担当者が使っている状態を作ることで、やめるにしても多人数の合意形成が必要になる

2 使う頻度が高い

頻度が高い業務であるほど、関係者は日ごろから強い関心を寄せている。様々な関係者が、別々の視点でこだわりを持つ領域で、業務フローを変更するのは非常に困難である

3 独自カスタマイズされている

個社独自の業務にあわせて商品をカスタマイズしていく過程で、独自仕様のフローが増えて、サービス変更にも大きなコストが生じる

4 社内で第一想起が取れている

「この商品なら、あの会社がいい」という空気が社内に醸成されていれば、わざわざ別の商品に変更しようとはしない

う「面倒」の源泉は、「社内調整の負荷」です。

　Chapter2「組織の定石」で解説した通り、新しいことを始めるには「革命」を起こさなければならないほどに組織（社内）調整が面倒です（42ページ参照）。組織調整の負荷が高い領域に入り込むということは、逆に言えば、導入時も同じように組織調整の負荷をくぐり抜けなければならないということです。「続ける理由」を盤石にするには、時間をかけて組織の中に入り込んでいくしかないのです。

　BtoB商材を営業するとき、お客様の課題に寄り添い、組織調整の苦労を担当者と一緒に乗り越えたならば、それがそのまま続ける理由につながるのです。

　導入時から意識するべきことは、まず「複数の部署」にまたがって利用してもらうことです。1つの部署、一人の担当者しか使っていない商品であれば、個人の判断で簡単にやめられてしまいます。できる限り複数部署、複数の担当者が使っている状態を作ることで、やめるにしても多人数の合

意形成が必要になるのです。

　次に「**頻度が高い**」**業務フローに組み込むことで、その商品の継続率は高まります**。頻度が高い業務であるほど、関係者は日ごろから強い関心を寄せています。様々な関係者が、別々の視点でこだわりを持つ領域で、業務フローを変更するのは非常に困難です。逆にめったに発生しない業務フローでしか使われない商材なら、関心を持っている関係者も少なく、比較的簡単にリプレイスされてしまいます。

　「**独自カスタマイズ**」**により、商品変更時に予算取りが必要なケースも継続率が高まります**。企業内で稟議を通し、予算を確保するというのはそれ自体が非常に面倒な行為です。個社独自の業務に合わせて商品をカスタマイズしていく過程で、独自仕様のフローが増えて、サービス変更にも大きなコストが生じるようになるのです。

　お客様の社内において「**第一想起**」**を獲得できている場合も継続しやすくなります**。「この商品なら、あの会社がいい」という空気が社内に醸成されていれば、わざわざ別商品に変更しようという動きは起こらないでしょう。こうした空気感は、日常生活フェーズにおける情報発信や、継続購入フェーズにおける満足度の積み重ねによって培われるものです。

　複数部署で使われている、頻度の高い業務フローにおいて、独自のカスタマイズを施し、満足度を積み重ねて第一想起を取っている商品を作るためなら、まずは売上・利益を度外視してでも入り込むことを優先していいでしょう。

　先述した通り、継続的に商品を販売している先に、追加で商品を販売することは簡単です。1顧客企業当たりの単価を上げていくのは次のステップでも構わないのです。

「従量課金」にする

　課金システムは基本的に「従量課金」であることが望ましいでしょう。お客様がたくさん利用して、提供価値が大きくなるほどに、それに比例して

売上が積み上がるような設計にすべきです。

　製造業は販売商品数に応じた従量課金になりますが、単一カテゴリの商品だけで見ていては販売機会を逃すケースがあります。全社の複数カテゴリ商品をもってして、1顧客企業当たりの単価を上げていかなければなりません。そのためには事業部を横断した顧客当たり単価の管理が不可欠です。エントリーに適したライトな商品、組織に入り込んで継続されやすい商品、単価と粗利が大きくマネタイズに適した商品など、目的に応じてクロスセルを積み重ねて単価を最大化します。

　月額利用料を取るSaaSを含むソフトウェア業は、月額固定のサービスも多く、ビジネスがスケールしづらくなっています。利用者数、データ量、貢献売上などに応じた従量課金にできないか再検討すべきです。または月額固定のサービスでのスケールは狙わず、ほかの継続課金サービスや、都度課金の大型プロジェクトによってマネタイズする方法もあります。

　従量課金にするにあたって、必ずしもサブスクリプションモデルにする必要はありません。続ける理由があり、使えば使うほど課金される仕組みが用意されているなら、契約形態にこだわる必要はありません。

「離反リスク」「アップセル機会」の
シグナルを検知する

顧客の状況の変化を
デジタルで把握する

　購入直後に信頼を獲得し、続ける理由と従量課金を盤石なものにした
あとも、決して気を抜くことはできません。顧客企業の中では、時々刻々
と状況が変化していきます。突然商品の利用をやめるかもしれませんし、
逆にアップセルのチャンスが訪れるかもしれません。

　従来はこうした顧客の変化に気づくために、営業担当が足繁く通う「ル
ート営業」がさかんに行なわれていました。今でもエンタープライズ営業（大
手企業向けの営業）の世界では、1社1社に専任担当者をつけて、特に用
事がなくても定期的に訪問しています。これは費用対効果が許すなら、顧
客の状況を一番深く知ることができる手法です。

　1社当たりの売上規模が大きいなら、こうした人間を使ったルート営業
も有効でしょうが、すべての顧客企業に対してこの営業手法を用いること
はできません。そこで有効なのがデジタル顧客接点を用いた「シグナル検
知」の手法です。

　「シグナル検知」は日常生活フェーズにおいて、顧客の顕在化ニーズを
検知する手法とまったく同じです。メールマガジン、Webサイト、会員向
けシステムなどを使っているユーザ行動データから、顧客の企業内で発生
した「離反リスク」と「アップセル機会」を検知するのです。

　**「離反リスク」で検知したいのは、「利用の鈍化」「他社サービスへの
興味喚起」「担当者変更」「計画・予算見直し」「業務改善プロジェクト
の発生」**などです。

「アップセル機会」で検知したいのは、「利用者数の増加」「クロスセル商材への興味喚起」「周辺領域の潜在ニーズ発生」などです。

いずれもまず検知したい項目を洗い出し、それらをできるだけ検知できるようなクリエイティブを各所にしかけて、顧客の行動データを取得できるようにするのです。

例えば、製造業でアップセル機会を検知するには「テスト機貸出」や「無料サンプル品」ページへのリンククリックが有効です。新たに新製品を開発するプロジェクトが立ち上がり、要件を満たしそうな商品を見つけると、実際に商品を手元で確認したくなるためです。

一方で「CADダウンロード」はシグナル検知に使えないことがあります。素人からすれば同じような「CVポイント」に見えますが、CADは購入後に初めて必要になるデータです。

ほかにも「データシート」や「カタログ」のダウンロードも、シグナル検知には使いづらい顧客行動です。エンジニアは、とにかくにもまずデータシートをダウンロードして、詳細な仕様を確認したいという行動が身についています。そのため、購入する気がない情報収集段階のユーザや、購入後に仕様を確認したいユーザなども多く含まれます。営業リソースに余裕がなければ、シグナルとしては用いづらいでしょう。

上記はWebサイト上の「ダウンロード」資料の種類で、顧客のシグナルを見極める方法でした。同じようにメールマガジンやアンケートなどを用いることで、確認したい顧客の状況を明らかにできます。

「離反リスク」「アップセル機会」の状況を深掘りする

どの顧客行動をシグナルとして用いればいいかは、先述の「ユーザ行動観察調査」から発見できます。カスタマージャーニーの中で「離反リスク」や「アップセル機会」が生まれたときの状況を深掘りするだけです。

シグナルの仮説を洗い出したあとは、営業担当やインサイドセールスと

連携し、実際に顧客側で変化が発生しているかを検証していきます。特に有効なシグナルは、このように運用の中で見極めていく必要があるのです。

　しかし、シグナルの見極めを行なわず、一足飛びにMAの「スコア」を使って失敗する人をよく見かけます。自動的に算出したスコアが、営業に無視されるのは当然です。営業からすればスコアが高い理由がわからず、さらにどのようにアプローチすればいいかも見当がつかないからです。

　AIを用いて過去の成約・失注データを分析し、契約につながるシグナルからスコアを正確にはじき出せたとしても、そんなことにはまったく意味がありません。結局最後に営業するのが人間である以上、そのデータを解釈して納得できなければ活用されることはありません。AIはデータを解釈することができませんし、そのような用途に使うこと自体が間違いです。

　一方で、営業担当も見学したことのある「ユーザ行動観察調査」で発見したシグナルであれば、納得感もありますし、どのようにアプローチすればいいかも自明です。**スコアを有効活用したいなら、こうした定性情報から積み上げていくしかない**のです。

　既存顧客の行動データを取得するためには、デジタル上での顧客接点を増やさなければなりません。

　日常生活・初回購入フェーズで実施する情報発信は、メールマガジンやWebサイトを通じて、継続購入フェーズの顧客にも届けるべきです。

　さらに、継続購入フェーズでは「サポートサイト」も重要な顧客接点になります。日ごろから営業担当やサポート担当が受ける質問を洗い出し、地道にコンテンツ化していく活動により利用者数が増えていきます。

　注意すべきなのは、コンテンツ化したとしても、正しく集客しなければ誰も見てくれないということです。疑問が発生した顧客の多くは、まずサポートサイトに訪れるのではなく、初めからGoogleで課題を検索してしまいます。そのため各サポートページがGoogleの検索結果の上位に掲載されるように、最低限のSEOを施さなければなりません。

　顧客が自ら調べることはないが、知っていればじつは便利になるくらいの

「裏ワザ」情報は、メールマガジンなどを用いてプッシュしなければ一生気づかれません。ただコンテンツを作ることに自己満足している人がいるなら、それは要注意です。

シグナル検知が純粋想起獲得や
アップセルにつながることも

シグナル検知の副産物として「純粋想起」の獲得も、アップセルにつながります。日常生活フェーズでも解説しましたが、メールマガジンなどで継続接触していれば「この課題なら、あの会社に聞いてみよう」と最初にお声がけいただける可能性が高まります。

あるセンサー機器などに強い製造業のメーカーは、シグナル検知による架電を徹底することで、純粋想起も獲得しています。データシートがダウンロードされただけでも、必ず営業担当から電話がいくほどに架電を徹底している企業です。

顧客側としては、Webサイトを見るたびに電話がかかってくるため、初めは気持ち悪いと感じていたようです。実際にユーザ行動観察調査をしたところ「ストーカーみたいで怖い」と回答するエンジニアもいたほどです。しかし何年もブレないでこの架電行為を徹底していたため、現在では顧客もこれを当たり前だと受け入れてしまっています。

「何か課題があれば、Webサイトを開くんですよ。そうしたら営業担当から電話がかかってきますから」と発言するエンジニアもいるほどです。もちろんこの電話対応への好き嫌いはわかれるでしょうが、接触頻度を高めることで、いざ何か相談したいことが発生したタイミングで連絡がきやすくなるのは確実です。「ストーカーみたいだ」と発言していたエンジニアも、困ったことがあればついつい相談してしまい、結果的にその会社への発注額が一番大きくなっていると苦笑していました。

このように徹底したシグナル検知は、純粋想起にもつながり、継続購入フェーズでの売上を最大化するのです。

Chapter 7 まとめ

 マーケターなら商品そのものを磨き、LTVを最大化せよ。LTVが伸びれば集客コストを増やせるため、様々な施策にチャレンジできる

 顧客体験改善のため「定性ユーザ行動観察調査」を実施する。「継続購入フェーズ」は、施策の後戻りが難しい、過剰なおもてなしが増えやすい、顧客体験を設計しやすいという理由から調査優先度が高い

 仮説の弱い調査初心者は、定量調査よりも先に、定性調査を実施すべき。定量調査を実施するなら、定性調査結果の裏付けに用いる

 定性調査では、まずロイヤル顧客を集め、時系列で商品との関わりを聞いていく。HOWは参考にならないため、顧客に聞くべからず

 購入直後は、サポートを最も手厚くし、購入前の期待値を超える。顧客が達成したいゴールをすり合わせ、マイルストーンとスケジュールを切ってこれを厳守する

 LTVを伸ばすために「ほかに変更するのが面倒だから」という続ける理由を作る。さらに提供価値に比例して売上が積み重なる「従量課金」を設計する

 偶発的に発生する「離反リスク」と「アップセル機会」のシグナルを、デジタルから検知し対応する

マーケターが会社の未来を
切り開く──おわりに

　BtoBのマーケティングには約20年間携わっていますが、うまくいかない原因の大半は感情的な抵抗にあり、その解決策は根気強い対話以外にありませんでした。

　マーケティングを勉強し、理想的な状態がイメージできるようになればなるほど、感情的な理由で抵抗してくる人とはわかり合えません。しかも、その抵抗勢力が高齢な社員であれば、なおさら悲しくなります。あと数年会社にしがみつけば定年退職だと思っているような社員が、会社の未来を考えずに保身に走る姿は見るに耐えません。

　しかし怒り狂っていても会社は変わりません。マーケターと名乗るからには、抵抗勢力の人間を「右も左もわからない赤ちゃん」だと思えるくらいに悟りを開かなければなりません。

　どれだけ泣きわめいても、所構わず駄々をこねても、どこか可愛い存在であると認識できるくらいの心の余裕を持たなければなりません。マーケターと赤ちゃんとでは、理想とする世界に雲泥の差があるため、決して同じ土俵で議論してはならないのです。

　本書で記した理想的なマーケティングを実践すれば、人類の進歩に貢献する製品・サービスを生み出し、本当に必要な人に届けられます。確実に日本のため、世界のためになります。

　この本に共感してくれた方がいるとすれば、あなたの理想はきわめて崇高であり、すばらしい目標を持っていると、胸を張って仕事を続けてください。生半可な気持ちで仕事に取り組んでいる抵抗勢力など、足元に及ばないほど社会に貢献しているのです。

私も「悟り」を開けず、怒り狂うことが少なくありません。高い理想を持ってクライアントに提案を続けても、担当者の熱量が足りずにプロジェクトが頓挫することがあります。視座の低い役職者に理想が聞き入れられず、1週間ほど怒りが収まらないこともあります。

　そんなときは、ひとしきり怒り狂ったあと、自分の理想の高さを再認識しようと努めます。そもそも目指す世界が高いのだから、焦ってはいけません。少しずつでもいいので、人を変え、組織を変え、会社を変え、社会を変え、順々に広げていくしかないのです。

　疲れたときは休んでも構いません。長い道のりですから、革命家のメンタルを健康に保てているかどうかが最も重要です。もしあなたが経営者でメンバーを鼓舞する立場にいるなら、彼らの目指す理想を肯定し、そして長い時間軸で評価してあげてください。

　マーケティング革命は辛く厳しい道程ですが、遊び心を持つくらいの余裕があるほうが長続きするように感じます。どうせ今マーケティングを導入しなければ、いつかは潰れゆく会社でしょう。どんなに大きな失敗をしようが、まったく構いません。

　例えば、偉い人から「ブランドが毀損される」などという妄言があっても無視して突っ走ればいいのです。「ブランド」などと言っている間に、会社は倒産に向けて急転直下しているのですから。「ブランド毀損」などという妄言を発する担当の大半は、会社のブランドなど一切気にしておらず、自分の社内プレゼンスしか見ていません。

　真に会社のことを考えているマーケターであるあなたが、会社の未来を切り開くのです。

　最後に本書を執筆するにあたり、ご協力くださったみなさまに御礼申し上げます。

　Chapter2「組織の定石」で登場した「山内課長」のモデルにもなった、日ごろからお世話になっているクライアントのみなさま、いつも本当にありがとうございます。本書の「定石」はみなさまとの協業があってこその知

見の結晶です。同時に私と一緒にプロジェクトを推進してくれる、当社コンサルタントたちにも感謝申し上げます。

　また原稿段階でフィードバックをいただきましたBtoBマーケティングの有識者・専門家のみなさまには、様々なご指摘を賜り私自身たいへん勉強になりました。お名前だけですが、ご紹介させていただきます（五十音順）。

　石川森生さん（株式会社DINOS CORPORATION CECO）、栗原康太さん（株式会社才流 代表取締役社長）、枌谷力さん（株式会社ベイジ 代表取締役、クラスメソッド株式会社　Chief Design Officer）、西岡咲さん（株式会社WACUL）、庭山一郎さん（シンフォニーマーケティング株式会社 代表）、長谷川智史さん（SO Technologies株式会社 執行役員CMO）、舩木真由美さん（株式会社シプード 代表）、まこりーぬさん、渡辺春樹さん（デジタルマーケティング研究機構 元代表幹事）、本当にありがとうございました。

　本書執筆を最初から最後までサポートしてくださった日本実業出版社の前川健輔さん、本当にありがとうございました。前著からのお付き合いのため、今回はよりスムーズに執筆を進めることができました。今後ともよろしくお願いいたします。

　そして、何より最後まで読んでくださった読者のみなさまにお礼を申し上げます。本書がみなさまの有意義な仕事の一助になることを祈っています。

さくいん

垣内勇威(かきうち ゆうい)
株式会社WACUL代表取締役。東京大学卒。株式会社ビービット
から、2013年に株式会社WACUL入社。改善施策の提案から施策
効果の検証までデジタルマーケティングのPDCAをサポートす
る自動分析・改善提案ツール「AIアナリスト」を立ち上げる。
2019年に産学連携型の研究所「WACUL Technology &
Marketing Lab.」を創設し、所長に就任。現在、研究所所長およ
び代表取締役として、事業のコアであるナレッジ創出を牽引。新
規事業や新機能の企画・開発および大企業とのPoCなど長期目
線での事業推進の責任者を務める。2022年5月、代表取締役に就
任。著書に『デジタルマーケティングの定石』(日本実業出版社)
がある。

BtoBマーケティングに関するご相談は下記URLまで
https://wacul.co.jp/

BtoBマーケティングの定石
なぜ営業とマーケは衝突するのか?

2022年12月1日　初版発行
2023年2月10日　第2刷発行

著　者　垣内勇威　©Y.Kakiuchi 2022
発行者　杉本淳一

発行所　株式会社日本実業出版社　東京都新宿区市谷本村町3-29 〒162-0845
　　　　編集部 ☎03-3268-5651
　　　　営業部 ☎03-3268-5161　振　替　00170-1-25349
　　　　　　　　　　　　　　　　https://www.njg.co.jp/

印刷/堀内印刷　製本/共栄社

本書のコピー等による無断転載・複製は、著作権法上の例外を除き、禁じられています。
内容についてのお問合せは、ホームページ(https://www.njg.co.jp/contact/)もしくは
書面にてお願い致します。落丁・乱丁本は、送料小社負担にて、お取り替え致します。

ISBN 978-4-534-05962-8　Printed in JAPAN

読みやすくて・わかりやすい日本実業出版社の本

下記の価格は消費税(10%)を含む金額です。

デジタルマーケティングの定石
なぜマーケターは「成果の出ない施策」を繰り返すのか?

3万サイト分析×ユーザ行動観察のファクトをもとに、デジタル活用の「正解・不正解」を一刀両断。最新技術に振り回されることなく、非効率なやり方を排除し、成果につながる定石を解説。

垣内勇威
定価 2420円 (税込)

売上につながる「顧客ロイヤルティ戦略」入門

なぜ顧客満足は「お題目」で終わるのか?顧客の行動心理を定量・定性データで分析し、顧客満足が売上に直結するアクションを導く方法論を徹底解説。経営を変革する時の羅針盤となる一冊。

遠藤直紀+武井由紀子
定価 1980円 (税込)

「それ、根拠あるの?」と言わせないデータ・統計分析ができる本

データ集めからリスクや収益性の見積り、プレゼン資料作成までのストーリーを通し、仕事でデータ・統計分析を使いこなす方法を紹介。日産OBで実務に精通する著者による、現場の「コツ」が満載。

柏木吉基
定価 1760円 (税込)

起業のファイナンス　増補改訂版
ベンチャーにとって一番大切なこと

事業計画、資本政策、企業価値などの基本からベンチャーのガバナンスなどまで、押さえておくべき情報が満載。起業家はもちろん、起業家をサポートする人も絶賛する"起業家のバイブル"の増補改訂版。

磯崎哲也
定価 2530円 (税込)

定価変更の場合はご了承ください。